認知能力と非認知能力を育てる算数指導

若い算数の先生に

伊藤邦人 著

黎明書房

はじめに

『私が授業をした方がましよ！』
『授業料を返しなさい！』
『しばらくの間，サポート教員に変わってください。』
　私の教員人生は，叱咤の嵐から始まりました。
　それまで，学生時代に4年間，学習塾で講師としてアルバイトをし，その後社会人として3年間，別の学習塾に勤務しました。
　あることがきっかけで，社会人4年目の春から，小学校に勤務することになりました。教員人生のスタートです。
　1年目は副担任として，1年生全クラスの算数を担当することになりました。教えることには自信がありました。何せ，7年間も算数一筋で教えてきたのですから。
　ところが…
　教科書1ページを45分かけて授業するイメージが全くわきません。塾ではその内容を5分で教えてしまうからです。また，担任の先生方からは口をそろえて，声が大きすぎる，話すのが速すぎる，話す量が多すぎるなど批判の嵐でした。子ども達も，自分の思うようについてきてくれませんでした。これまで築き上げてきた自信が，音を立てて崩れていったのです。
　「やはり自分は学校の先生に向いていない。塾に戻ろう。」
　毎日そんなことばかりを考えていました。

…それから，長い年月が過ぎました。

私は今，算数専科として高学年の担任をしています。

以下は，先日全国から私の授業を参観してくださった先生方の感想の一部です。

> 子ども達の力で学びを深めていく様子に，学ぶことへの気持ちの高まりを感じました。そして，その子達の気持ちの流れをうまく促進させ，ペア活動を何度も取り入れることで自己表現させ，さらに深く学びに向かわせていく先生の指導には学ばされることが多くありました。
>
> 発見をさせる場面と創造につなげる場面が明確にあり，その視点をしっかりと持つことが，自己の授業のブラッシュアップにつながると思います。そこにつなげられるように，本校の児童も高めていければと思います。

> 無駄がなく，とてもスムーズに流れていて，すばらしいと思いました。子ども達の思考を大切にし，また，つなげ，そして深めていく。そんな印象の授業でした。「発見」することの喜びを子ども達も感じている雰囲気が伝わってきました。また，どうしてそう考えたのか，ペアで話し合ったときに，一人ひとりがしっかり自分の考えを言えたので，今までの積み重ねがしっかりされていると感じました。
>
> 子ども達も悩みながら一生懸命授業に向かう姿勢や，最後まで子ども達のモチベーションが下がらないところに感銘を受けました。

また，学習者の主体性だけではなく，見える学力にも重点を置いています。私が受け持った子ども達は，全国学力・学習状況調査の結果では，算数A（基礎）が全国の正答率の平均を15％以上，算数B（応用）が

はじめに

20%以上上回る結果となりました。また、算数検定の当該学年の級にも、全員合格することができました。

　確かな学力が身につき、生き生きと学ぶ子ども達。もちろん、私だけの力ではありません。
　家庭の力、地域の力、他教科教員の力、習い事の力…色々な力が総合されて、子ども達は育っているのだと思います。ただ、目の前の子ども達に、確実に力がついてきているのは事実です。

　初年度に毎日教師をやめようと思っていた私が、今は子ども達を伸ばすことが楽しくて仕方がない自分に変わりました。
　私がこれまで、どのような視点で仕事をし、どのように研鑽を積んできたのか。それを振り返りながら、若い先生方へ伝えたいことを、一冊の本にまとめてみました。
　若い先生方の立場に立ち、精一杯書かせていただきました。読んでいただいた皆様のお役に、少しでも立つことができたら幸いです。

　　2016年2月

　　　　　　　　　　　　　　　　　　　　　　　　伊藤邦人

目　次

はじめに　1

第1章　算数科とはどういう教科か

1　認知能力と非認知能力を育てる　10
2　理想の授業の型とは　13
3　授業に対する既成概念を疑う　18

第2章　小学校6年間の算数科の指導法

1　つまずきの原因を徹底的に見極めた指導をする　22
　① 1年生のつまずき　23
　② 2年生のつまずき　24
　③ 3年生のつまずき　24
　④ 4年生のつまずき　25
　⑤ 5年生のつまずき　25
　⑥ 6年生のつまずき　27
　⑦ 全体のつまずき　28
2　見落としがちな系統性，分野を越えての系統性を考えて指導する　31
　①「数と計算」分野の系統性
　　　　―小数÷小数→分数÷分数―　31
　②「数と計算」分野と「量と測定」分野の系統性
　　　　―面積→分数のわり算―　32

目 次

　③ 「量と測定」分野の系統性
　　　―単位量あたりの大きさ→速さ― 33

第3章　算数科の教材研究 ―教科書をどう料理するか―

1　ずれを作る 38

2　「教科書をそのまま教える授業」と「『ずれ』を仕掛けた授業」 43

　指導の流れ（1年）①　「とけい」 44

　指導の流れ（1年）②　「たすのかな　ひくのかな」 46

　指導の流れ（2年）①　「1000までの数」 48

　指導の流れ（2年）②　「三角形と四角形」 50

　指導の流れ（3年）①　「九九の表とかけ算」 52

　指導の流れ（3年）②　「あまりのあるわり算」 54

　指導の流れ（4年）①　「垂直・平行と四角形」 56

　指導の流れ（4年）②　「小数×整数，小数÷整数」 58

　指導の流れ（5年）①　「体積」 60

　指導の流れ（5年）②　「式と計算」 62

　指導の流れ（6年）①　「比とその利用」 64

　指導の流れ（6年）②　「速さ」 66

　指導の流れ（数学）　　「文字の式」 69

第4章　算数科の授業の工夫

1　基本授業のあり方　―「＋の集団」を作る― 74

　①　ノート指導 76

　②　速い子に合わせる 77

　③　手本を探す 77

　④　勉強法を話し合わせる 78

　⑤　ゲームで競わせる 78

2　演習授業のあり方　79

　(1)　ロスタイムを0にする　79

　(2)　演習の意欲づけに＋α　81

　　①　演習＋ゲーム　82

　　　(i)　約数でビンゴ！　82

　　　(ii)　私は誰でしょう　83

　　　(iii)　100ますリレー　84

　　　(iv)　瞬間ゲーム　84

　　②　演習＋プロジェクトアドベンチャー　85

　　　(i)　カード並べ　86

　　　(ii)　九九リレー　86

　　　(iii)　長方形を探せ！　86

　　　(iv)　点対称の漢字は？　87

　(3)　演習プリントを作るコツ　87

　　①　同条件異数値問題を出す　88

　　②　易しい問題から難しい問題へ　89

　　③　問題に美しいストーリーを語らせる　90

　(4)　課題を作らせる　92

3　発展授業のあり方　93

第5章　教師力を磨く

1　小学算数のわくを越える　101

　①　「数と計算」分野の授業　102

　②　「量と測定」分野の授業　103

　③　「図形」分野の授業　104

　④　「数量関係」分野の授業　105

2　教科書のわくを越える　107

3 インプットだけでは力はつかない。アウトプットが大切　113
4 研究授業では「何を見てもらいたいか」を考える　115

第6章　私の乗り越えてきた壁

1 教師は，自分らしさ＋α　120
2 授業中，教室の空気が落ちてきたら　121
　① 言葉を削る　122
　② スピードを上げる　122
　③ 抑揚をつける　123
　④ 認める　123
　⑤ ユーモア　123
　⑥ ＋の空気　124
　⑦ 空気の入れ替え　124
3 矢印を子どもにではなく，自分に向ける　125
4 授業は教師のペースに合わせない　128
　① 教室にはさまざまな空気が流れている　129
　② １年生には１年生の発達段階がある　130
　③ 「動く板書」を意識する　130
5 授業の流れにくい場面を徹底的に教材研究する　131

おわりに　134
参考文献　137

第1章 算数科とはどういう教科か

1　認知能力と非認知能力を育てる

　現在の学習指導要領に記載されている算数科の目標は，以下の通りです。

> 　算数的活動を通して，数量や図形についての基礎的・基本的な知識及び技能を身に付け，日常の事象について見通しをもち筋道を立てて考え，表現する能力を育てるとともに，算数的活動の楽しさや数理的な処理のよさに気付き，進んで生活や学習に活用しようとする態度を育てる。

　この目標を前半・後半に分けるとすれば，どこで分ければよいでしょう。あくまで私見ですが，前半は，

> 　算数的活動を通して，数量や図形についての基礎的・基本的な知識及び技能を身に付け，日常の事象について見通しをもち筋道を立てて考え，表現する能力を育てる。

　後半は，

> 　算数的活動の楽しさや数理的な処理のよさに気付き，進んで生活や学習に活用しようとする態度を育てる。

と考えています。

　学力には，大きく分けて2種類あると言われています。

> ・認知能力　　…IQや学力テストで計測される能力
> ・非認知能力…誠実さ・忍耐強さ・社交性・好奇心の強さなど，人間の気質や性格的な特徴のようなもの

　非認知能力は，「生きる力」とも言えるかもしれません。であるならば，先ほどの算数科の目標の前半は「認知能力」，後半は「非認知能力」と言えるのではないでしょうか。

　前半の「認知能力」のみを身につけることが目的であるならば，塾講師をしてきた私の経験からは，間違いなく教師の「教え込み」が最適の

方法であると思います。水泳を上達させたいのであれば水泳教室に通わせ，ピアノを上達させたいのであればピアノ教室に通わせて，コーチや先生に教えてもらうのが一番の近道です。

　では，仮に小学校で45分×6時間教え込みの授業を行ったとすると，どのようなことが起こるでしょう。認知能力はぐんぐん身につくでしょうか。私はそんな簡単な話ではないと思います。なぜか。それは，動機づけがないからです。

　水泳やピアノを習う子の多くには，泳ぐことや演奏することがそもそも好きであるという内発的動機づけがあります。また，進学塾に通う子の多くは，受験で合格したいという外発的動機づけがあります。

　算数があまり好きではないのに，45分間教え込まれたらどうなるでしょう。間違いなく，学習することがますます嫌いになると思います。それだけならまだしも，反発して全く受け入れようとしなくなる子も現れるでしょう。

　つまり，教師はまず，（内発的）動機づけを作らなければいけません。言い換えるなら，心のコップを上向きにしてあげなくてはいけません。そうすることで，子ども達は自分からどんどん吸収しようとします。つまり，**認知能力を育てるには，非認知能力を育てることが不可欠なのです**。あるデータでは，非認知能力は，認知能力の形成にも一役買っているだけでなく，将来の年収・学歴や就業形態などの労働市場における成果にも大きく影響することが証明されています。

　では，非認知能力を育てるためには，どのようなことを意識すればよいのでしょう。1つのキーワードは，「学習者主体」です。学習者が自ら考え，判断し，行動できるような授業づくりを教師が意識すれば，さまざまな非認知能力を育むことが可能です。

　ところで，近年「アクティブ・ラーニング」の必要性が，盛んに言われるようになりました。

> アクティブ・ラーニング…
> 　教員による一方向的な講義形式の教育とは異なり，学修者の能動的な学修への参加を取り入れた教授・学習法の総称。学修者が能動的に学修することによって，認知的，倫理的，社会的能力，教養，知識，経験を含めた汎用的能力の育成を図る。発見学習，問題解決学習，体験学習，調査学習等が含まれるが，教室内でのグループ・ディスカッション，ディベート，グループ・ワーク等も有効なアクティブ・ラーニングの方法である。
> 「新たな未来を築くための大学教育の質的転換に向けて～生涯学び続け，主体的に考える力を育成する大学へ～（答申）（平成24年8月28日）用語集」より。

　アクティブ・ラーニングによって，非認知能力を身につけさせ，それがこれからの社会が求める人材の育成につながるのだと思います。最近になってこのような言葉を耳にするようになってきましたが，これまでも，小学校現場ではそのような授業を意識してきました。全国で行われている授業研究会では，「主体的に学ぶ子どもの育成」「表現力豊かな子どもを育てる」「算数の好きな子どもを育てる」などのテーマを掲げ，さまざまな議論がなされています。

　私も，これまでに全国の先生方の授業を何度も参観させていただきました。その中で，実際には子ども達の満足の得られない授業も見てきました。また，私自身もそのような授業をたくさん行ってきました。

- 子ども達から想定していた意見が出ず，結論が出されないまま授業が終わってしまった。
- 話し合いはしているのだが，堂々巡りになって，結局ゴールが見えなかった。
- 沈黙の続く重たい授業になってしまった。
- 話し合いのレベルが低い。

第1章 算数科とはどういう教科か

　言い方はよくないのですが，教師の自己満足に終わり，子ども達の需要と明らかにかみ合っていない授業になってしまっているのです。言い換えるなら，低いレベルのアクティブ・ラーニングなのです。非認知能力にこだわりすぎるあまり，授業の中で認知能力が育っていない。

　結局のところ，**認知能力だけ身につけさせようと思ってもうまくいかない。非認知能力にも同様のことが言える。**では…次に，授業の型について考えていきます。

2　理想の授業の型とは

　非認知能力を育てたければ，学習者主体の授業を，認知能力のみを育てたければ，教師主体の授業を。このジレンマの中で，どのような型が理想的な授業と言えるのでしょうか。

　一言で授業といっても，授業にはさまざまな型があります。

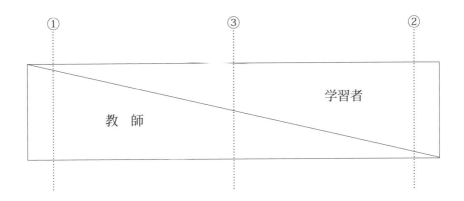

　①は教師主体型の授業，②は学習者主体型の授業といえます。それぞれのメリット・デメリットを，次頁の表にまとめました。

型	① 教師主体型	② 学習者主体型
特徴	・知識伝達型 ・教えたいことを伝える	・問題解決型 ・教えたいことに気づかせる
メリット	・素早く技能・知識を身につけることができる。 ・認知能力が身につきやすい。	・学習者が能動になる。 ・学習者どうしがつながり，非認知能力が身につきやすい。
デメリット	・学習者が受動になる。	・技能・知識を身につけるために時間がかかる。

　そこで，注目すべき型は③です。時には学習者に任せ，時には教師がリードする。そうすることで，学習者の主体的な学びを意識しながら，見える学力の向上も図ることができる。つまり，**非認知能力と認知能力の両輪を高めていくことに注目するべきなのではないかと考えます。**

　また，これらの能力は別々のものではなく，非認知能力によって得た技能や知識を定着させて認知能力に落とし込み，認知能力を活用してより高度な非認知能力を育てるというように，互いが連動しています。

　抽象論ばかり語っていてもイメージがわきにくいので，1つの実践例をもとにお示ししたいと思います。

　5年生で，「倍数・約数」について学習します。以下は，「公約数」を活用した授業です。

　初めに，倍数・公倍数・最小公倍数，約数・公約数・最大公約数の復習をします。全体での確認や，子ども達の状況に応じて，ドリル学習やゲームなどを取り入れます。本時の学習の前に，学びのスタートラインを育てるためです。（認知能力の育成）

　『たて12cm，横18cmの長方形の板チョコを分けて，食べやすいように同じ大きさの正方形を作りましょう。』

第1章　算数科とはどういう教科か

＊以下,『　』は教師の発言,「　」は子どもの発言。

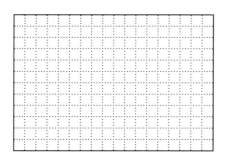

初めから『公約数の考え方を使いましょう。』とか,『最も大きな正方形を作りましょう（最大公約数）。』とか,『色々な種類の分け方を考えましょう。』とは言いません。

すると,子ども達はどのような反応を示すでしょうか。

「あれ？　色々な種類の分け方があるよ。」

黒板に書かせてみると,以下の4種類の分け方が見つかりました。

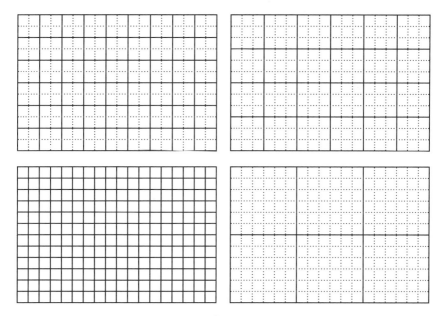

15

教師が伝えたいことを隠し，子どもに気づかせる。学習者主体にさせるための大切な視点です。また，初めから1cm・2cm・3cm・6cmと並べさせるのではなく，子ども達に書く順番を任せました。
　数の並びをランダムにさせることにより，公約数の存在がより見えにくくなりました。とにかく教師は，子ども達の学びを広げてあげなくてはいけません。
　できた正方形のチョコレートは，それぞれの1辺の長さが2cm・3cm・1cm・6cmです。ここで，なぜこの4種類の正方形しかできないのかを考えさせます。
　「12と18の公約数になっているよ。」
　その気づきを認めた上で，単なる気づきで終わらせるのではなく，さらに深く考えさせます。

　『どうして，12と18の公約数が，正方形の1辺の長さになっているのでしょう。』
　正方形のたての長さは12の約数であること，横の長さは18の約数であること，正方形はたてと横の1辺の長さがそれぞれ等しい性質があることなどの意見が出されます。
　この時点では，十分に理解している子と，理解できていない子に分かれています。そこで，このような指示を出します。
　『ペアで，廊下側の人が窓側の人に，今の話し合いの流れを説明しなさい。それが終わったら，今度は窓側の人が廊下側の人に説明しなさい。全てが終わったら，手を挙げなさい。』
　説明をすることで，思考が整理されたり，定着したりします。また，表現力を養うこともできます。つまり，認知能力・非認知能力を共に育てることが可能になります。
　ここからは，公約数の考え方から離れますが，発展的に以下のようなことを考えさせてはどうでしょう。

第1章　算数科とはどういう教科か

1辺3cmの正方形に分けた板チョコに注目させます。
『一体いくつのチョコレートに分けることができたのかな。』
子ども達は，必死に数え始めます。ところが…
「そんなことをしなくても…。」
そのようなつぶやきが出されたらしめたものです。数えるのではなく，式で考えている子もいるのです。

$$12 \div 3 = 4$$
$$18 \div 3 = 6$$

式だけを発表させ，その式の意味を全員に考えさせます。学びを広げるために有効な「逆思考」という仕掛けです。4というのはたての枚数，6というのは横の枚数ですね。この続きの式はあえて発表させませんでした。隠すことで，全員で次のステップを考える主体的な学びにつなげるためです。

「$4 \times 6 = 24$」
「$4 + 6 = 10$」

2つの意見に分かれます。後で詳しく述べますが，意見の「ずれ」を作ることで，議論を生むことができます。結果，かけ算の方が正しいという結論になります。

実は，もう1つ別の方法で枚数を求めることもできます。しかしながら，おそらく子ども達の方からはその考え方が出される可能性は低いです。ここで，教員間でも意見が分かれます。あくまで授業は学習者主体なのだから，教師が出るべきではない。いやいや，授業の中に教師が登場してもよいではないか。私は後者の考え方です。

先ほどから述べているように，授業には非認知能力と認知能力のバランスが大切だからです。子ども達が行き詰まったときには教師が手助けをしたり，出させたい考え方が子ども達から出てこなければ，教師がリードしたりしてもよいと思うのです。

```
12 × 18 = 216
3 × 3 = 9
216 ÷ 9 = 24
```

　子ども達の中には，すぐにひらめく子も出てくるでしょう。そう，「面積」の考え方を活用するわけです。教師主体の場面を取り入れることにより，子ども達は面積の考え方を活用する視点を手に入れたのです。認知能力が高まりました。

　授業の最後に，類題を解かせたり，ノートのまとめ直しを行わせたり，ペアで本時の学びを振り返らせたり，他のチョコレートの枚数を求めさせたりして，学力を定着させます。ここでも認知能力を高めます。

　どこまでを学習者に任せ，どこから教師が出るのか。教科によって，単元によって，本時の展開によって，そのベストなバランスは常に変わります。だからこそ，授業づくりは難しいし，おもしろい。ただ，**ここでは非認知能力を高めて，ここでは認知能力を高めて…そのような視点をもっているだけで，授業は内容の濃いものになるでしょう。**

3　授業に対する既成概念を疑う

　水泳の授業で，クロールを早く泳ぐコツは…と教師が教える。歌唱の授業で，この歌詞の場面で気持ちをこめて…と教師の価値観を伝える。習字の授業では，上手な字が書けるよう，間隔とかバランスを事前に伝えておく。その一方で，国語や算数の授業では，できるだけ教師が前に出ないことを美学とする。何とも違和感があります。

　クロールはどうすれば早く泳ぐことができるか。どのように工夫して表現すれば，相手に伝わる歌唱となるか。この文字の場合，事前にどこを意識すればよい字が書けるか。それらの考え方を子ども達から引き出し，その上で徹底反復する。そうすることで，2つの学力のバランスがとれます。（もちろん，そうされている先生方もたくさんいらっしゃい

第1章 算数科とはどういう教科か

ます。)

　先日，中学校の先生方とお話しする機会がありましたが，中学校や高等学校では，今でも教師主体の授業が多く見られるとおっしゃっていました。しかし，学園祭や修学旅行の立案，部活動では生徒主体となって取り組む姿がたくさん見られます。学校生活の中で，最も多くの時間を費やすのは授業です。子ども達の主体性を大切にする姿は，授業の中にもあってよいのではと感じています。

　国語・算数とはこういうもの，技能教科とはこういうもの，中学校・高等学校のスタイルはこういうもの…という既成概念を，2つの学力観からもう一度見直してみると，今までの視点とは違った新たな教育の形が生まれてくるのではないでしょうか。

第2章

小学校6年間の算数科の指導法

1　つまずきの原因を徹底的に見極めた指導をする

　算数科というのは，特に系統性が重要視される教科です。例えば，以下の計算式

$$10 - 3.6 \div \frac{3}{4}$$

この問題を解くには，どのような技能が必要なのかを考えてみましょう。

　まずは，ひき算ではなく，わり算から先に計算しなければなりません。これは，計算の順序（4年）の単元で学習します。

　$3.6 \div \frac{3}{4}$ を計算する際，小数と分数が混合しているので，3.6 を $\frac{36}{10}$，あるいは $\frac{3}{4} = 0.75$ に変形しなくてはいけません。小数と分数（5年）のところで，変形の仕方を学習します。また，それができるためには，小数と分数（3年）で，小数と分数の意味を理解しておかなければいけません。さらに，$\frac{36}{10}$ は互いに2でわって，$\frac{18}{5}$ に約分することができます。この考え方は，約数（5年）がもとになっています。また，$\frac{3}{4}$ を 0.75 にするためには，$3 \div 4$ の計算をしますから，小数のわり算（4年）を学習する必要があります。

　$3.6 \div 0.75$ を計算するためには小数÷小数（5年）を，$\frac{18}{5} \div \frac{3}{4}$ を計算するためには，分数÷分数（6年）を学習しておかなければなりません。ちなみに，この答えは 4.8 になります。

　最後に $10 - 4.8$ を計算するわけですが，これを計算できるには，小数－小数（3年）の学習はもちろんのこと，くり下がりのひき算（1年）の要素も必要となります。

　つまり，$10 - 3.6 \div \frac{3}{4}$ の計算が正確にできない場合は，高学年の単元につまずきが見られる場合だけではなく，中学年でのつまずき，あるいはもしかすると1年生のときのつまずきが影響しているのかもしれないわけです。

第2章 小学校6年間の算数科の指導法

宿題やテストでつまずきが見られた場合，
『もう少していねいに数字を書いて計算をしようね。』とか，
『集中して計算ミスを無くそうね。』などとアドバイスを送りがちですが，我々教師は医師の要素も必要で，漠然と症状を捉えるのではなく，**どこに原因があるのかを徹底的に見極める眼が必要となります。**

計算ミスが多い子に，計算力が弱いからひたすら計算問題をさせるというのは，あまりよい方法だとは思いません。（全ての計算技能が備わっているのなら別ですが）。

風邪の症状には風邪薬を，胃痛の症状には胃薬を与えるように，今回の計算の中で1年生の繰り下がりのひき算につまずいているのであれば繰り下がりの筆算の問題を，5年生の約数でつまずいているのなら約数の問題をたくさんさせることにより，今後のつまずきが減ることになるでしょう。宿題は一律のものを出すことがほとんどでしょうが，本来ならば，一人ひとりの課題が異なるため，一人ひとりの学習課題を変えた方がよいと思うのです。

では，子ども達は6学年の算数科の中で，特にどこでつまずきやすいのか。これまでの経験から，以下のように分析してみました。

学年ごとに，特にこれは…というものをピックアップします。

① 1年生のつまずき

> たし算のくり上がり，ひき算のくり下がりをきちんとできるようにする。

全ての計算の土台です。1年生のうちに，必ず全員定着させます。

> 感覚を身につけさせる。

計算と同様，算数的要素の全ての土台です。100までの量感覚や，平面・空間感覚を身につけさせます。そのためには，ブロックなどの具体物にできるだけたくさん触れさせましょう。

②　2年生のつまずき

> たし算・ひき算の筆算の位をそろえる。

　計算の苦手な子は，かけ算やわり算の筆算をする際，位をそろえることができません。位がずれてしまうため，混乱が生じるのです。ですから，筆算を初めて扱うときから，ノートのマス目を意識させ，必ずそろえる習慣を身につけさせます。

> 九九が速く正確に言える。

　かけ算・わり算の土台です。全員が81個の九九を速く正確に言えるよう，徹底反復しましょう。

> 「かけられる数」と「かける数」の意識を持たせる。

　6年生でも，「かけられる数」と「かける数」を逆に考えてしまう子がいます。2年生のうちに，どちら×どちらなのかを理解させましょう。ちなみに，5個×8皿＝40個のように，かけられる数と答えの単位は必ず同じになります。

> 時間・長さ・かさの量感覚を身につける。

　今後の「量と測定」分野に直結するところです。具体物をもとに，量感覚を身につけさせましょう。ここでつまずくと，今後の新たな単位の量感覚もわからなくなってしまいます。

③　3年生のつまずき

> 「2けた÷1けた」を正確に速くできる。

　商がすぐに立つ訓練をしましょう。それができるようになれば，けた数が増えたときにもスムーズに処理することができます。

> 「わられる数」と「わる数」の意識を持たせる。

　例えば，28本の鉛筆を4人で等しく分ける場合は，1人あたり28本÷4人＝7本もらえることになります。5年生で「単位量あたりの大きさ」を学習しますが，どちら÷どちらなのかで混乱する子が多く，

苦手になりやすい単元の1つとなっています。実は，この考え方は3年生で学習しています。4人でわるから，1人あたりの本数が算出されるのです。つまり，「わる数が単位量」となっている。このことを視野に入れて3年生で学習すると，5年生ではスムーズに理解できるようになります。

> コンパスで上手に作図ができる。

コンパスは，3年生だけではなく5年生の「円と正多角形」の単元や，中学1年生の垂直二等分線・角の二等分線・垂線の作図などで活用します。高学年や中学で，コンパスの使い方をていねいに説明する時間はありません。子どもによって，器用不器用の差はありますが，例えばコンパスで絵をかくなど楽しく学習できる工夫をしながら，3年生のうちに全員がコンパスを自在に使えるようにしておきましょう。

④ 4年生のつまずき

> わられる数・わる数を先に÷10・÷100する。

例えば，21000÷300という計算の場合，高学年になってもそのまま筆算を書き，0がたくさん並びすぎて混乱を招いてしまう子がいます。

わられる数・わる数を事前に100でわっておけば，210÷3となり，計算しやすくなります。計算する前にこの処理を行うことによって，計算しやすくなることの価値を感じることができれば，子ども達は進んでこの処理を行うようになります。教師の働きかけにかかっているのではないかと思います。

3年生の2400×500などの計算も同様です。

⑤ 5年生のつまずき

> 小数÷小数の商とあまりの小数点の位置を正しく判断する。

世の中には，12種類の計算があります。整数のたし算・ひき算・かけ算・

わり算，小数のたし算・ひき算・かけ算・わり算，分数のたし算・ひき算・かけ算・わり算。その中で，子ども達が最も苦労するのは，「小数÷小数」ではないかと思います。

例えば，4.13 ÷ 0.6 という計算。「小数÷整数」は既習事項ですから，まずは 0.6 を整数にするために，10 倍しなければいけません。
→ 4.13 ÷ 6

次に，わる数だけ 10 倍すると答えが変わってしまうので，わられる数も 10 倍します。
→ 41.3 ÷ 6

あとは計算します。商は 0.68，あまりは 5 とする間違いがよくあります。正しくは，商は 6.8，あまりは 0.05 です。「商はあとの小数点の位置，あまりはもとの小数点の位置」といくら教師が力説しても，子ども達にはなかなか定着しません。知識記憶は残りにくいからです。

まずは小数点を消したりつけたしたりすることを，きちんと書かせること。また，あまりに関しては，なぜ 5 ではなく 0.05 なのかを検討させるとよいでしょう。

・あまりが 5 だったら，たしかめ算をしてももとの数にならない。
・0.6 ＜ 5 となり，わる数よりあまりの方が大きくなってしまっている。
・41.3 のあまりではなく，4.13 のあまりを求めなければいけない。

など，さまざまな意見が出されるでしょう。

最小公倍数・最大公約数を正確に速くわかる。

16 と 24 の最小公倍数を求めるなら，それぞれの倍数を書いていき，最も小さい共通の倍数を見つけるというのが基本です。また，最大公約数を求めるなら，それぞれの約数を書いていき，最も大きい共通の約数を見つけます。

また，学習塾では連除法を教え，共通の因数から最小公倍数・最大公

約数を求めていきます。最小公倍数なら$2 \times 2 \times 2 \times 2 \times 3 = 48$，最大公約数なら$2 \times 2 \times 2 = 8$となります。

ただ，書き出しにしても連除法にしても，少々時間がかかります。最小公倍数は通分に，最大公約数は約分につながりますが，その際，いちいちていねいに求めることは避けたいものです。

5年生で身につけたいのは，感覚的に最小公倍数・最大公約数を見つけることです。

24を2倍すると16でわり切れるから，最小公倍数は48になる。16と24は共通に8以上のものではわれないから，最大公約数は8になる。そのような感覚がとても大切になります。それには，反復練習が不可欠となります。

> 倍・歩合・百分率換算をマスターする。

割合計算の単位はいつも「倍」です。歩合・百分率を正確に「倍」に変換できるようにしましょう。

それに加えて，割増し・割引き，％増し・％引きも確実に定着させましょう。中学1年生で「文字と式」を学習しますが，5年生の段階でつまずいてしまうと，文字の入った抽象概念には一層太刀打ちできなくなります。

⑥ 6年生のつまずき

> 分数のかけ算・わり算で，先に約分する習慣をつける。

計算処理の上で，あとでまとめて約分するよりも，先に数字が軽いうちに約分しておいた方が，計算ミスが減ります。数学からも，計算処理をすることがたくさんありますが，「いかに楽をして計算することができるか」という視点を身につけておくことは，計算ミスを防いだり処理スピードを上げたりすることに大変有効です。

⑦　全体のつまずき

> ていねいな文字・数字・図・表をかく。

　算数の学力が伸びる条件を2つだけ挙げるとすれば，
- ていねいな子
- 思考過程を大切にする子

と私は答えます。

　特にていねいな子は，頭の中がきちんと整理され，確実に論理的思考力が身についてきます。1年生のときからその習慣を身につけさせれば，後々の学力に大きな影響をもたらします。

> 思考過程を大切にする。

　算数の苦手な子の特徴として，思考過程の粗さが挙げられます。頭の中で考えて答えだけしか書かなかったり，筆算だけメモ程度に書いたりする子が見られます。

　もともと算数が苦手だからそのようにしか書けないという場合もありますし，逆にそのような学習をしているから算数が苦手になっていることもあるでしょう。

　必ず途中の式を書く，テープ図や線分図，表やイメージ図などを活用して条件整理をする，わかった情報はどんどん図形に書き込むなど，思考過程を大切にすることで，頭の中が整理されていきます。とにかく，思考過程を大切にする子は伸びます。

> 筆算やメモを消さない。

　高学年でも，ノートやテストに筆算やメモをした後，消しゴムで消す子がいます。答案に筆算やメモをすることがよくない，あるいは重要ではないと思っているようです。しかし，見方を変えれば，それらのものがあるからこそ，答えにたどり着くことができるのです。見直すときにも，もしかするとその筆算やメモから間違いの原因を突き止められるかもしれません。低学年のうちから，筆算やメモの重要性を子どもたちに

意識させましょう。

| 単位ミスをなくす。 |

テストで「cm」や「人」などの単位を書き忘れて減点…というのはよくあることですが，これを単なるミスと捉えるのは軽率であると思います。そもそも高学年でそのようなミスを多発する子は，今一体何を求めようとしているのかがわかっていないのかもしれません。

たし算やひき算なら，全てが同じ単位なのでまだ理解できるのですが，かけ算・わり算になると，下の式のように1つの式の中でも色々な単位が混ざり，混乱を招くことがあります。

（例）

12枚×5人＝60枚

56cm^3÷（4cm×7cm）＝2cm

78人÷6m^2＝13人/m^2

45g÷75g＝0.6倍

低学年のうちから，この式は何を表しているのか，何を求めようとしているのかを常に意識させたり，慣れない頃は，項の全てに単位を書かせたりするのも1つの方法だと思います。

| 式をそろえて書く。 |

例えば，次の図の色のついた部分の面積を求めるとします。

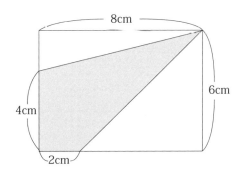

算数の苦手な子は，以下のような答案を書きます。

```
8 × 6 = 48
   2 × 8 ÷ 2 = 8              48 − 26 = 22
   6 × 6 ÷ 2 = 18      8 + 18 = 26
```

まず，式の左端がそろっていません。また，式の順序がバラバラです。正しくは，以下の通りですね。

```
8 × 6 = 48
2 × 8 ÷ 2 = 8
6 × 6 ÷ 2 = 18
8 + 18 = 26
48 − 26 = 22
```

つまり，算数が苦手な子たちは，思考過程をつなぐ論理的思考力が身についていない子たちと言えます。低学年のうちから，式をそろえることや，順序よく書くことの習慣を身につけさせるだけで，頭の中を整理していくことができます。

| 式を続けない。 |

「妹は 16 個のおはじきを持っています。姉はおはじきを妹の 3 倍より 4 個多く持っています。姉のおはじきはいくつですか。」

高学年でも，以下のような式を書く子がたくさんいます。

16 × 3 = 48 + 4 = 52

これでは，48 と 52 の大きさが等しいという意味になってしまいます。＝（イコール）というのは，左辺と右辺が等しいという意味ですから，明らかに間違っています。

16 × 3 = 48
48 + 4 = 52

というように，式を分けて書かなければいけません。式のきまりと順序を学習する 4 年生の段階で，このことを確認する必要があります。

2 見落としがちな系統性，分野を越えての系統性を考えて指導する

　先ほどの「数と計算」分野の系統性や，「量と測定」「図形」「数量関係」の分野ごとの系統性はわかりやすいですし，それをまとめた表は簡単に入手することができます。

　ここでは，同じ分野の中でも見落としがちの系統性や，分野を越えての系統性について考えてみたいと思います。その単元だけを指導するのと，広い視野をもって指導するのとでは，教材研究の深み，子どもの意見の交通整理，教師からの助言など，さまざまな点で差が出て，身につく学力にも大きく影響が出ます。「つなげる」視点から，視野を広げていきましょう。

① 「数と計算」分野の系統性 －小数÷小数→分数÷分数－

$\frac{3}{5} \div \frac{9}{10}$ という計算。わり算をかけ算にし，わる数を逆数にして計算します。

$$\frac{3}{5} \div \frac{9}{10} = \frac{3}{5} \times \frac{10}{9} = \frac{1}{1} \times \frac{2}{3} = \frac{2}{3}$$

　では，なぜわり算をかけ算にし，わる数を逆数にすれば計算できるのか。その理由として，最も一般的なのは，わる数を1にするという考え方です。

　つまり，

$$\frac{3}{5} \div \frac{9}{10} = \left(\frac{3}{5} \times \frac{10}{9}\right) \div \left(\frac{9}{10} \times \frac{10}{9}\right) = \frac{3}{5} \times \frac{10}{9} \div 1$$
$$= \frac{3}{5} \times \frac{10}{9}$$

となるわけです。

　初めからこの考え方を扱うと，難しくてついてこられない子が出てきます。もっと簡単に計算できる方法はないでしょうか。そこで，前の学年で学習した「小数÷小数」の考え方にヒントを得ましょう。

　例えば，$2.36 \div 0.4$ という計算。このままでは計算できないので，

わる数を10倍して整数に変形しました。
　2.36÷0.4＝23.6÷4＝5.9
　つまり，「小数÷小数」を「小数÷整数」に変形することで，課題を解決することができました。ではこれを，「分数÷分数」に生かすことはできないでしょうか。小数のときと同様に，わる数を整数に変形しましょう。$\frac{9}{10}$を整数にするためには，10倍すればよいことがわかります。
$$\frac{3}{5}÷\frac{9}{10}＝\left(\frac{3}{5}×10\right)÷\left(\frac{9}{10}×10\right)＝\frac{3}{5}×10÷9$$
これなら計算できます。この段階を踏まえた上なら，わる数に逆数をかける方法も理解しやすくなります。課題の壁にぶつかったときには，過去の技能・知識をフル稼働させます。何かつながりがもてるのかもしれません。

② 「数と計算」分野と「量と測定」分野の系統性　―面積→分数のわり算―

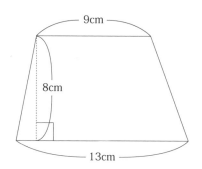

　上の台形の面積は，(9＋13)×8÷2で求めることができますが，これを子ども達はどう計算するでしょう。
　(9＋13)×8÷2＝22×8÷2＝176÷2＝88（cm²）と計算する子がほとんどでしょう。しかし，中には以下のように計算する子もいます。

(9 + 13) × 8 ÷ 2 = 22 × 8 ÷ 2 = 11 × 8 = 88（cm²）

つまり，計算したものを2でわるよりも，先に2でわっておいた方が，数字が軽くなり，計算が速くそしてミスも減ります。この考え方は，以下の考え方に通じます。

$\frac{3}{5} \div \frac{9}{10} = \frac{3}{5} \times \frac{10}{9} = \frac{1}{1} \times \frac{2}{3} = \frac{2}{3}$

そう，「分数のかけ算・わり算」の単元です。

$\frac{3}{5} \div \frac{9}{10} = \frac{3}{5} \times \frac{10}{9} = \frac{30}{45} = \frac{2}{3}$ というように，先にかけ算をし，後でまとめて約分することもできますが，数が重たくなり，その方が却って時間がかかり，ミスも増えます。数が軽いうちに計算する方がよいという考え方が以前から身についておれば，「分数のかけ算・わり算」の際にもスムーズに理解が得られると思います。

③ 「量と測定」分野の系統性 －単位量あたりの大きさ→速さ－

AとBの2台の自動車があります。Aの自動車は25Lのガソリンで300km，Bの自動車は40Lのガソリンで500km走ります。

同じ道のりを考えるとき，どちらの方が少ないガソリンで進みますか。

【考え方①】

ガソリン1Lあたりで走れる道のりを考えます。

A…300km ÷ 25L = 12km/L

B…500km ÷ 40L = 12.5km/L

よって，自動車Bの方が少ないガソリンで走れます。

【考え方②】

1km走るのに使うガソリンの量を考えます。

A…25L ÷ 300km = 0.083L/km

B…40L ÷ 500km = 0.08L/km

よって，自動車Bの方が少ないガソリンで走れます。

ガソリン「1Lあたり」の走る道のりを求めたければ，ガソリンの量でわればよいし，「1kmあたり」のガソリンの量を求めたければ，道のりでわればよいわけです。つまり，「わる数が単位量」になることを押さえれば，この単元は理解することができます。

> 　Aさんは，5分間に250m歩きます。Bさんは，7分間に420m歩きます。どちらの方が速いですか。

1分間歩くのに進む道のりを考えます。
A…250m ÷ 5分 = 50m/分
B…420m ÷ 7分 = 60m/分
よって，Bさんの方が速いです。

速さの3公式というものがあります。
> 　速さ＝道のり÷時間
> 　道のり＝速さ×時間
> 　時間＝道のり÷速さ

　これを覚えるために，「は・じ・き」の公式というものまであります。これらの公式は，本当に必要なのでしょうか。私はあまり必要ではないと考えています。
　速さの問題では，「1分あたり」の道のりを求めたいので，時間でわりました。つまり，これはまさしく「単位量あたりの大きさ」の考え方です。速さを求める方法がわかれば，あとは道のりや時間を求めたいときは逆算すればよいのです。
　5年生では具体的な単位量あたりの大きさの考え方を学習し，6年生では抽象的な単位量あたりの大きさの考え方を学習するのですが，それがたまたま「速さ」を扱っているに過ぎないのです。

ですから，これを2つの単元として切り分けるのではなく，5年生では6年生で学習する抽象的概念を視野に入れて授業を組み立て，6年生では5年生で学習した具体的概念をもとに授業を組み立てることで，子ども達の中につながりをもたせることができます。

第3章 算数科の教材研究

教科書をどう料理するか

1　ずれを作る

　これまでに，たくさんの研究授業を見てきましたし，私自身もたくさん授業をしてきました。ある授業では，子ども達の意見が活発に飛び交い，生き生きとした学びをしています。またある授業では，空気がよどみ，思考が停止しています。

　あるときから，こんなことを考えるようになりました。

　「よい授業ができるというのは，教師経験からくる感覚的なものだろうか。」

　実はそうではありませんでした。若い先生でも授業が上手な方はたくさんいますし，ベテランの先生で苦労されている方もいます。

　では，よい授業をつくるために必要なものは…？

　私はここ数年間，徹底的によい授業を研究してきました。よい授業の背景にあるものは何なのか。教材をどのように料理しているか，時間の構成はどのようになっているか，教師の表情はどのようなものか，話し方・テンポ・間は？　そのような視点で見ていると，教師のたくさんの仕掛けが見えてきました。

　教師と子どもをつなぐ仕掛け，子どもと子どもをつなぐ仕掛けにつきましては後ほど紹介するとして，この章では，どのように教材を研究すれば，子ども達の主体的な学びにつながるのかを紹介します。

　前著『マニュアル授業から脱却する！算数のクリエイティブ授業7の仕掛け・30の演出』（明治図書出版）で，教材を研究する7の視点を提示しています。詳しくは，そちらをご覧ください。

　本書では，私が最も重要であろう，また最も授業に活用しやすい仕掛けを1つに絞って紹介します。それは，

ずれを作る

ということです。

第3章　算数科の教材研究

　例えば，45分が美しく流れる授業。子ども達が疑問を抱くことなく，淡々と授業が進んでいく。終わった後に，子どもたちに聞いてみる。
　『今日は，どんな勉強をしたの？』
　「…。」
　子ども達の頭の中には，何も残っていないのです。「ずれ」を作る。言い換えると，45分のどこかに引っ掛かりを作る。子ども達が「あれ？」と思う瞬間を作る。そうすることで，子ども達は，自分から動きだすようになります。
　美しい絵の中に，墨汁を一滴落としたとします。その絵を見たときに，どうしても墨汁の方に目がいくのが人の心理です。真夏に街を歩いていて，厚着の人がいたとする。そちらに目がいきますよね（笑）。**授業も同じで，違和感を覚えさせることが大切だと思います。**
　では，算数授業の中で，具体的にどのような場面で「ずれ」を作るのか。先日，5年生の「単位量あたりの大きさ」の単元で，研究授業をしました。その内容を紹介します。

　学級は，男子16人，女子14人です。
　＊以下，『　』は教師の発言，「　」は子どもの発言。
　『今から，言葉ゲームをします。「あ」から始まる言葉を，どんどんノートに書いていきましょう。男女の対抗戦でいきます。では，男子から始めます。制限時間は30秒です。よーい，スタート！』
　子どもの表情は真剣そのもの。
　『やめ。次に女子の番です。よーい，スタート！』
　『例えば，どのような言葉を書きましたか？』
　「アイスクリーム，アメンボ，あり，あかちゃん…。」
　ちょっとしたゲームではありますが，たくさん見つけられたことで，発表したくてたまらない様子。

『では，書けた数を数えてみましょう。』
〈男子〉

| 10 9 7 11 9 8 9 10 8 7 8 9 10 8 7 9 |

〈女子〉

| 6 8 4 5 7 5 4 5 8 7 6 4 8 8 |

『勝ったのは，どちらでしょうか？』
「とりあえず，合計してみよう。」
子ども達は，もくもくと計算を始めます。
「男子の合計は139個，女子の合計は85個です。」
『ということで，男子の勝ちですね？』
子ども達の表情が変わります。
「人数が違うから，男子の勝ちとは言い切れません！」
早速「ずれ」に反応する子ども達。この後，平均を求めてみることになりました。「平均とその利用」の単元は，既に学習済みです。

男子…139個÷16人＝約8.7個
女子…85個÷14人＝約6.1個

よって，男子の勝ちとわかります。ところが…
『ごめんね。先生，時間を計り間違えてしまいました。男子は30秒で，女子は20秒で計ってしまいました。』
子ども達からは，大ブーイング（笑）。早速手を動かし始めました。
私はよく，「逆思考」を使います。机間指導をして，子ども達の考え方を吸い上げ，黒板に式（時には図や表）のみを書かせます。そしてその式の意味を，全員で考えます。1人の子が，考え方を全員に伝えるのではなく，1人の子の考え方を，全員で共有するための1つの手段です。
黒板には，以下のような3種類の考え方が書かれました。

【考え方①】
　男子…8.7 × 2 = 17.4
　女子…6.1 × 3 = 18.3

【考え方②】
　男子…8.7 ÷ 30 = 0.29
　女子…6.1 ÷ 20 = 0.305

【考え方③】
　男子…8.7
　女子…6.1 × 1.5 = 9.15

　それぞれの式の意味を，ペア・グループ・全体で共有しました。
　【考え方①】は，時間を30秒と20秒の最小公倍数の60秒あたりにそろえる考え方です。男子は30秒を60秒にそろえますから2倍，女子は20秒を60秒にそろえますから，3倍すればよいわけです。
　【考え方②】は，時間を1秒あたりにそろえる考え方です。
　実は【考え方③】は，私が出した考え方です。第1章でも述べましたが，授業中，教師は黒子であれ，司会者であれ…と言われますが，私はもう少し柔軟に考えてもよいのではないかと思っています。時には司会者として交通整理をし，時には子どもと共に授業に参加する。その方が，子ども達も喜びます。学級づくりでも，上からの目線，横からや下からの目線といった使い分けが必要なように，授業でもその時々で立場を変えてもよいのではないかと思います。
　さて，本題からずれました。【考え方③】は，時間を30秒あたりにそろえる考え方です。女子は20秒を30秒にそろえますから，1.5倍

すればよいわけです。

ここからが大事なポイントです。

『考え方①~③の中で，今後どの方法が最も考えやすいですか？』

考え方を拡散させるだけで終える授業がよくありますが，大切なことは，そこから吟味したり，統合したりすることだと思っています。

思考は，拡散思考だけではありません。収束思考も大切にし，それが次の学習に生きます。

本時でいうなら，課題の状況が変わったときに，どの考え方がそのときにも活用できそうかということです。

【考え方①】は，今回は最小公倍数を求めやすい数値でしたが，求めにくい数値だったら…。【考え方③】も，いつもこのように簡単に計算できるとは限りません。【考え方②】は，どのような状況でも片方の数をもう片方の数でわればよいのですから，活用しやすいと言えます。

あえて【考え方③】を私から提案したのは，60秒あたり，1秒あたり，30秒あたりの3種類を提示することにより，1秒あたりのよさを浮き彫りにさせたかったからです。

まとめると，本時は2つの「ずれ」を作りました。1つ目は，「人数のずれ」です。そのずれを埋めようとするために，子ども達から「平均」の考え方が出されました。2つ目は，「時間のずれ」です。そのずれを埋めようとするために，子ども達から「単位量あたりの大きさ」の考え方が出されました。

「ずれ」が発生すると，子ども達はそれを主体的に埋めようとします。そして埋める作業の中で，学ばせたいことの本質が，子どもの口から語られるようになります。

第3章　算数科の教材研究

2　「教科書をそのまま教える授業」と「『ずれ』を仕掛けた授業」

　ここからは，1年生〜6年生，そして数学の各単元を題材とし，「ずれ」を作ることによって授業がどのように変わるのかを紹介したいと思います。

　「教科書をそのまま教える授業」（私は「マニュアル授業」とよんでいます）から，どう変わるのかを明確にするために，

　・左ページに「教科書をそのまま教える授業」の指導の流れ
　・右ページに「『ずれ』を仕掛けた授業」の指導の流れ

を載せています。

　ページ数の関係で，各学年2単元ずつの紹介となりますが，これらの「教科をそのまま教える授業」の指導の流れと「『ずれ』を仕掛けた授業」の指導の流れを比較・検討され，ずれを意図的に作るという観点で各単元の教材研究をしていただければ幸いです。

　なお，「『ずれ』を仕掛けた授業」の指導の流れの下に，この授業の見所・効用を載せました。参考にしてください。

指導の流れ（1年）①
教科書をそのまま教える授業

1．単元名

　とけい（1/1）

2．本時の展開

　(1)　目標

　　・時計について知り，時計で何時・何時半をよむことができる。

　(2)　本時の展開

学習活動	教師の働きかけ
1．時計をよむ① ・短い針と長い針がある。 ・短い針は8をさしている。 ・長い針は12をさしている。	・短針が8，長針が12のところにきている時計を見せる。 ・気づいたことを発表させる。
2．時計をよむ② ・どちらも長い針が12をさしている。 ・短い針は9をさしている。	・短針が9，長針が12のところにきている時計を見せる。 ・先ほどの時計との共通点・相違点を考えさせる。 ・短い針で「何時」をよむことを伝える。
3．時計をよむ③ ・今回は，短い針が数字と数字の間にある。 ・長い針が12ではなく，6をさしている。	・短針が2と3の間，長針が6のところにきている時計を見せる。 ・気づいたことを発表させる。 ・長針が6をさしているときは「半」とよみ，「2時半」とよむことを伝える。

指導の流れ（1年）①
「ずれ」を仕掛けた授業

(2) 本時の展開

学習活動	教師の働きかけ
1．時計をよむ① ・何か変だよ。 ・いつも見ている時計には，長い針と短い針があるけど，この時計はどちらも長い針だよ。 ・短い針が12，長い針が8をさしている時計は見たことがない。 ・長い針が8をさしていたら，短い針は12のところをささない。	・2本の長針があり，片方が8，もう片方が12のところにきている時計を見せる。 ・どちらを短い針にするのかを考えさせる。
2．時計をよむ② ・短い針が6をさしていたら，長い針は12をさす。	・短い針で「何時」をよむことを伝える。 ・2本の長針があり，片方が2と3の間，もう片方が6のところにきている時計を見せる。 ・長針が6をさしているときは「半」とよみ，「2時半」とよむことを伝える。

「ずれ」を仕掛けた授業の効用

　日常見ている時計との「ずれ」を作ります。あえてどちらの針も長針にすることによって，短針の役割，長針の役割を，子ども達は自ら考えようとします。

指導の流れ（1年）②
教科書をそのまま教える授業

1．単元名　たすのかな　ひくのかな（1/2）
2．本時の展開
　(1)　目標
　　　・たし算やひき算の場面をとらえて，たし算やひき算の演算決定をすることができる。
　(2)本時の展開

学習活動	教師の働きかけ
１．絵を見て気づいたことを発表する ・男子が7人いる。 ・女子の方が少ない。	・公園で男子と女子が遊んでいる絵を提示する。
２．問題を読んで演算決定をする	
公園で男子が7人，女子が3人遊んでいます。公園で遊んでいる子どもは何人ですか。	・抽象的に考えることが困難な児童には，数図ブロックを使って考えさせる。
・たし算になる。 ・7＋3＝10	
３．もう1つ問題を読んで演算決定をする	
公園で男子が7人，女子が3人遊んでいます。 あわせて何人いますか。 どちらが何人多いですか。	・「あわせて」「ちがい」の言葉を引き出し，演算決定につなげる。
・たし算とひき算の両方がある。 ・7＋3＝10　　7－3＝4	

第3章　算数科の教材研究

指導の流れ（1年）②
「ずれ」を仕掛けた授業

(2) 本時の展開

学習活動	教師の働きかけ
１．絵を見て気づいたことを発表する ・男子が7人いる。 ・女子の方が少ない。	・公園で男子と女子が遊んでいる絵を提示する。
２．問題を読んで演算決定をする 公園で男子が7人，女子が3人遊んでいます。答えを求めましょう。 ・このままではできない。 ・続きはどうなるのかな。	・あたかも正式な問題のように，とぼける。
３．続きを考える ・あわせて何人いますか。 ・どちらが何人多いですか。 ・さらに子どもが5人きました。全部で何人になりましたか。	・一人ひとりが作った問題を，全員で考えさせる。 ・「あわせて」「ちがい」の言葉を引き出し，演算決定につなげる。

「ずれ」を仕掛けた授業の効用

　教師が問題を提示し，子ども達が問題解決をする。これが通常の型ですが，あえて教師が問題を不完全にします。これを「条件不足」といいます。そうすることで，不足を補おうと子ども達から色々な発想が出されます。本時では，教師が「たし算」「ひき算」と提示しなくても，子ども達からその発想が生まれるでしょう。もしかすると，2項だけでなく，3項の演算も生まれるかもしれません。

指導の流れ（2年）①
教科書をそのまま教える授業

1．単元名　1000 までの数（6/11）
2．本時の展開
　(1)　目標
　　・1000 という数の意味，および 1000 までの数の系列を理解する。
　(2)　本時の展開

学習活動	教師の働きかけ
1．数直線で，720 の場所を考える ・1 目盛りは 10 を表している。 ・700 から 2 目盛り進んだところにある。	・数直線を提示する。
2．ペアで問題を出し合う	・数を伝えて数直線から探させるだけではなく，逆に数直線で指をさした数を答えさせる問題にも取り組ませる。
3．□にあてはまる数を考える 　800 － 850 －□－ 950 －□ ・50 とびになっている。 ・850 から 50 とぶから，左の□には 900 が入る。 ・950 から 50 をひいて求めることもできる。 ・950 から 50 とぶから，右の□には 1000 が入る。	

第3章　算数科の教材研究

指導の流れ（2年）①
「ずれ」を仕掛けた授業

(2)　本時の展開

学習活動	教師の働きかけ
1・2は「教科をそのまま教える授業」に同じ。 3．□にあてはまる数を考える ・－□－850－□－□－□－ ①－840－850－860－870－880－ ②－800－850－900－950－1000－ ③－848－850－852－854－856－ ・①10とびになっている。 　②50とびになっている。 　③2とびになっている。 ・－750－850－950－□－□－	・子ども達のさまざまな答えを板書させる。 ・それぞれどのように考えたのかを考えさせる。 ・100とびの子の考え方を紹介する。 ・次学年の内容となるが，追究させてもよい。

「ずれ」を仕掛けた授業の効用

　条件を不足させることにより，答えに広がりがでました。また，子ども達のさまざまな答えを全員で共有する「逆思考」の仕掛けも活用しています。条件不足にしても逆思考にしても，学びを収束させるのではなく，拡散させるときに有効な手立てと言えます。

指導の流れ（2年）②
教科書をそのまま教える授業

1．単元名

　三角形と四角形（9/12）

2．本時の展開

　(1)　目標

　　・方眼紙を使って，長方形，正方形，直角三角形を作図することができる。

　(2)　本時の展開

学習活動	教師の働きかけ
1．色々な長方形や正方形をかく	・方眼紙を用意し，方眼にそって長方形や正方形をかかせる。
・自分の作った四角形を発表する。 ・全ての辺が等しい四角形が正方形。 ・二辺ずつが等しいのが長方形。	・仲間分けをさせる。
2．色々な直角三角形をかく ・自分の作った直角三角形を発表する。 ・二辺が等しい直角三角形もあれば，そうではない直角三角形もある。	・方眼紙を用意し，方眼にそって直角三角形をかかせる。 ・仲間分けをさせる。

指導の流れ（2年）②
「ずれ」を仕掛けた授業

(2) 本時の展開

学習活動	教師の働きかけ
1．たくさんの長方形・正方形・直角三角形を作図する 2．何の形が見えるかを考える ・長方形 ・正方形 ・直角三角形 3．それぞれがいくつあるかを考える ・それぞれ，答えのずれが生まれる。 ・長方形 　12＋6＋4＝22（個） ・正方形 　9＋4＋1＝14（個） ・直角三角形 　6＋4＋2＝12（個）	・一人の作品を提示する。 ・正確に数えられている子の考え方に注目させる。 →場合分けしている。

「ずれ」を仕掛けた授業の効用

　たくさんの答えの「ずれ」が生まれ，新たな発見ができるタイプの授業です。色々な見方をしたり，色々な種類の形を見つけたりしていく上で，図形を捉える視点が磨かれます。

指導の流れ（3年）①
教科書をそのまま教える授業

1．単元名

　九九の表とかけ算（5/6）

2．本時の展開

　(1) 目標

　　・a×□＝bや□×a＝bの□にあてはまる数がaの段の九九を使って求められることを理解する。

　(2) 本時の展開

学習活動	教師の働きかけ
1．□にあてはまる数を見つける	・問題を提示する。
・□には8が入る。 ・□には，また8が入る。 ・3のかけ算の場合は，3の段から探せばよい。	・3×□＝24 ・□×3＝24
2．類似問題をつくる ・5×□＝30 ・□×5＝30 ・□には6が入る。 ・5のかけ算の場合は，5の段から探せばよい。	・ペアで互いの作った問題を解かせる。
3．演習	

第3章 算数科の教材研究

指導の流れ（3年）①
「ずれ」を仕掛けた授業

(2) 本時の展開

学習活動	教師の働きかけ
1．九九表の中に，1つしかない数，2つある数，3つある数，4つある数を色分けして〇で囲む	
2．気づいたことを発表する ・1つしかない数の〇は，斜めの線上にある。 ・3つある数の〇も，斜めの線上にある。	
3．斜めの線上にある数の共通点を考える ・1＝1×1 　4＝2×2 　9＝3×3 というように，同じ数が2回かけられている。	・予習として，同じ数がかけられた数のことを「平方数」ということを伝える。

「ずれ」を仕掛けた授業の効用

　平方数は，約数の個数が奇数個である。将来的な学習も視野に入れた広い教材研究をすると，このような切り口の授業を作ることができます。美しく斜めに並ぶ発想は子ども達にないわけですから，これも未知と既知の鮮やかな「ずれ」と言えるでしょう。

指導の流れ（3年）②
教科書をそのまま教える授業

1．単元名　あまりのあるわり算（6/7）
2．本時の展開
　(1)　目標
　　・状況に応じて，余りを切り上げたり切り捨てたりすることができる。
　(2)　本時の展開

学習活動	教師の働きかけ
1．あまりを切り上げる問題を考える	・問題を提示する。 　ボールが14個あります。 　1回に3個ずつ運ぶと，何回で全部運べますか。
・14÷3＝4あまり2 ・商は4回を，あまりは2個を表している。 ・運ぶ回数は，4＋1＝5（回）	・残りの2個を運ぶには，もう1回必要であることを伝える。
2．あまりを切り捨てる問題を考える	・問題を提示する。 　りんご50個を，1箱に6個ずつ入れて売ります。 　何箱できますか。
・50÷6＝8あまり2 ・商は8箱を，あまりは2個を表している。 ・箱の数は8箱。	・残りの2個では，もう1箱作ることはできないことを伝える。

指導の流れ（3年）②
「ずれ」を仕掛けた授業

(2) 本時の展開

学習活動	教師の働きかけ
１．あまりを考える ・14÷3＝4 あまり 2 ・運ぶ回数を考える。 　・4＋2＝6（回） 　・4＋1＝5（回） 　・4回 ・残りの2個を運ぶには，もう1回必要である。 ２．類似の文章題を作る りんご50個を，1箱に6個ずつ入れて売ります。 何箱できますか。 ・50÷6＝8 あまり 2 ・残りの2個では，もう1箱作ることはできない。	・問題を提示する。 ボールが14個あります。 1回に3個ずつ運ぶと，何回で全部運べますか。 ・どれが正しいのかを検討させる。 ・数人の問題をピックアップして考えさせる。 ・問題を提示する。 ・切り上げの場合と切り捨ての場合があることをまとめる。

「ずれ」を仕掛けた授業の効用

　教師が自ら「ずれ」が生まれるように仕向けるのではなく，子ども達に問題を作らせることによって，自らが「ずれ」を作るタイプの授業です。

指導の流れ（4年）①
教科書をそのまま教える授業

1．単元名

　垂直・平行と四角形（9/13）

2．本時の展開

　(1)　目標

　　　・ひし形とその性質を理解し，かくことができる。

　(2)　本時の展開

学習活動	教師の働きかけ
1．ひし形の性質を考える ・辺の長さが全て等しい。 （コンパスを2回使用してできる。） ・向かい合う辺は平行。 ・向かい合う角の大きさは等しい。 **2．身のまわりから，ひし形の形を見つける** **3．対角線の交わり方を考える** ・平行四辺形 　2本の対角線は，それぞれの真ん中の点で交わる。 ・ひし形 　2本の対角線は垂直で，それぞれの真ん中の点で交わる。	・色々な種類のひし形を提示する。 ・4つの辺の長さを調べさせる。 ・向かい合う辺が平行か調べさせる。 ・向かい合う角の大きさが等しいか調べさせる。 ・平行四辺形とひし形を提示する。

指導の流れ（4年）①
「ずれ」を仕掛けた授業

(2) 本時の展開

学習活動	教師の働きかけ
1．仲間はずれを探す	・4つの図形を提示する。 　台形　　平行四辺形 　長方形　ひし形 ・仲間はずれの図形がどれかを考えさせる。
・4つそれぞれに意見が分かれる。 ・台形 　平行な辺が1組しかない。 　全ての角度が異なる。 ・平行四辺形 　線対称ではないが，点対称である。（6年生で学習） ・長方形 　4つの角度が全て等しい。（直角） ・ひし形 　辺の長さが全て等しい。 　2本の対角線は垂直に交わる。	・それぞれが仲間はずれになる理由を考えさせる。

「ずれ」を仕掛けた授業の効用

　4つの「ずれ」を作ることで，その「ずれ」を埋めようとします。埋めるときに，学ばせたい本質が子ども達から出てきます。本時でいうと，教師が誘導的にたずねなくても，四角形の性質が出されます。

指導の流れ（4年）②
教科書をそのまま教える授業

1．単元名

　小数×整数，小数÷整数（11/16）

2．本時の展開

　(1)　目標

　　　・(小数)÷(整数)で，被除数，除数，商，余りの関係を理解する。

　(2)　本時の展開

学習活動	教師の働きかけ
1．ひもの本数とあまりの長さを考える	・問題を提示する。 　13.7mのひもがあります。 　このひもから3mのひもは何本とれて，何mあまりますか。
・13.7÷3＝4あまり17 ・あまりの数は，わる数より小さくなるのでおかしい。 ・13.7÷3＝4あまり1.7 ・たしかめをすると， 　3×4＋1.7＝13.7となり，正しい。 **2．演習**	・あまりの小数点は，わられる数の小数点にそろえてうつことをまとめる。

第3章　算数科の教材研究

指導の流れ（4年）②
「ずれ」を仕掛けた授業

(2) 本時の展開

学習活動	教師の働きかけ
１．ひもの本数とあまりの長さを考える	・問題を提示する。 13.5mのひもがあります。このひもから3mのひもは何本とれますか。
・色々な考え方を出す。 　① 13.5 ÷ 3 ＝ 4 あまり 15 　② 13.5 ÷ 3 ＝ 4 あまり 1.5 　③ 13.5 ÷ 3 ＝ 4.5 ・①は，あまりの数は，わる数より小さくなるのでおかしい。 ・②は，たしかめをすると， 　3 × 4 ＋ 1.5 ＝ 13.5 となり，正しい。 ・③は，計算は正しいが，本数を尋ねられているので，答えは整数で表す方がよい。	・まず，①と②を検討する。 ・あまりの小数点は，わられる数の小数点にそろえてうつことをまとめる。
２．演習	

「ずれ」を仕掛けた授業の効用

　数値を3でわり切れる13.5に設定することがミソです。そうすることで，あまりが出るわり算もわり進むわり算も包含された広い発問へと変わります。

指導の流れ（5年）①
教科書をそのまま教える授業

1．単元名

体積（3/9）

2．本時の展開

(1) 目標

　・縦・横・高さに着目して，容積を求めることができる。

(2) 本時の展開

学習活動	教師の働きかけ
１．直方体の形をした水そうの体積を求める ・20 × 40 × 30 ＝ 24000（cm³）	・内のりがたて 20cm，横 40cm，高さ 30cm の水そうを提示する。 ・容積・内のりの用語の意味を伝える。
	容積… いれものに，どれだけの体積のものがはいるかを考えるとき，その体積のことをいう。 内のり… 内側をはかった長さ
２．立方体の形をした水そうの体積を求める ・10 × 10 × 10 ＝ 1000（cm³）	・内のりがたて 10cm，横 10cm，高さ 10cm の水そうを提示する。 ・1L ＝ 1000cm³ であることを伝える。

第3章　算数科の教材研究

指導の流れ（5年）①
「ずれ」を仕掛けた授業

(2) 本時の展開

学習活動	教師の働きかけ
１．直方体の形をした水そうの体積を求める ・水そうの厚さがわからないから，体積を求められない。 ・色々な考え方を出す。 　・$20 \times 40 \times 30 = 24000$（cm³） 　・$19 \times 39 \times 29 = 21489$（cm³） 　・$18 \times 38 \times 28 = 19152$（cm³） 　・$18 \times 38 \times 29 = 19836$（cm³） 　・$18 \times 38 \times 30 = 20520$（cm³） ・たて・横の長さは，両端の幅2cm分をひかなくてはならない。 ・高さは，底の1cm分だけをひけばよい。 ２．立方体の形をした水そうの体積を求める ・$10 \times 10 \times 10 = 1000$（cm³）	・外側がたて20cm，横40cm，高さ30cmの水そうを提示する。 ・水そうの厚さを1cmと提示する。 ・どれが正しいのかを検討させる。 ・容積・内のりの用語の意味を伝える。 ・内のりがたて12cm，横12cm，高さ11cmの水そうを提示する。 ・$1L = 1000cm^3$であることを伝える。

「ずれ」を仕掛けた授業の効用

　水そうの厚さをどのように処理すればよいのかが，本時のおもしろいところです。たて・横の場合に厚さを1回しかひかなかったり，高さを2回ひいてしまったりする考え方をあえて扱い，処理の正しい仕方を考えるきっかけを作ります。

指導の流れ（5年）②
教科書をそのまま教える授業

1．単元名　式と計算（1/4）
2．本時の展開
　(1)　目標
　　・整数での計算のきまりが小数の場合にも成り立つことを確かめる。
　(2)　本時の展開

学習活動	教師の働きかけ
１．計算のきまりが小数でも成り立つかどうかを調べる ・$1.4 + 0.6 + 4.4 = 6.4$ 　$1.4 + (0.6 + 4.4) = 6.4$ →結合法則が成り立つ。 ・$4 \times 1.8 \times 2.5 = 18$ 　$4 \times 2.5 \times 1.8 = 18$ →交換法則が成り立つ。 ・$1.2 \times 3 + 7.8 \times 3 = 27$ 　$(1.2 + 7.8) \times 3 = 27$ →分配法則が成り立つ。 ２．□にあてはまる数を考える ・$1.5 + 2.4 + 3.6 = □ + (2.4 + 3.6)$ →□＝1.5 ・$28 \times 2.5 \times 4 = □ \times (2.5 \times 4)$ →□＝28 ・$(3.6 + 6.4) \times 6$ 　$= 3.6 \times 6 + 6.4 \times □$ →□＝6	・問題を提示する。 ・問題を提示する。 ・問題を提示する。

指導の流れ（5年）②
「ずれ」を仕掛けた授業

(2) 本時の展開

学習活動	教師の働きかけ
1．□に入る数を考える ・2.3 ＋ 4.9 ＋□ →□＝ 7.7・0.1 など ・2.3 ＋ 4.9 ＋ 7.7 　＝ 2.3 ＋ 7.7 ＋ 4.9 　＝ 10 ＋ 4.9 ＝ 14.9 →交換法則が成り立つ。 ・2.3 ＋ 4.9 ＋ 0.1 　＝ 2.3 ＋ 5 ＝ 7.3 →結合法則が成り立つ。 ・□× 1.8 × 2.5 →□＝ 5・4 など （以下同様） ・3.6 × 6 ＋ 6.4 ×□ →□＝ 3.6・6 など （以下同様） →分配法則が成り立つ。	・問題を提示する。 ・□に何を入れたいかを考えさせる。 ・7.7・0.1 の理由を考えさせる。

「ずれ」を仕掛けた授業の効用

　子ども達から計算のきまりのよさに気づかせるためには，実際の数を考えさせるのがよいと思います。おもしろいのは，数のずれによって，法則が変わる（交換法則と結合法則）点です。

指導の流れ（6年）①
教科書をそのまま教える授業

1．単元名

　比とその利用（7/9）

2．本時の展開

　(1) 目標

　　・比と一方の値を知って，他方の値を求めることができる。

　(2) 本時の展開

学習活動	教師の働きかけ
1．弟の金額を考える ・$600 \div 3 = 200$（円） 　$200 \times 2 = \boxed{400\,（円）}$ ・$600 \times \dfrac{2}{3} = \boxed{400\,（円）}$	・問題を提示する。 　お母さんからおこづかいをもらいました。 　兄：弟＝3：2で分けました。兄の金額は600円です。 　弟はいくらもらいましたか。
2．姉妹のリボンの長さを考える ・$3.6 \times \dfrac{5}{9} = \boxed{2\,(m)}$ …姉 　$3.6 \times \dfrac{4}{9} = \boxed{1.6\,(m)}$ …妹 ・$3.6 \div (5+4) = 0.4$（m） 　$0.4 \times 5 = \boxed{2\,(m)}$ …姉 　$0.4 \times 4 = \boxed{1.6\,(m)}$ …妹 **3．演習**	・問題を提示する。 　おばさんからもらった長さ3.6mのリボンを，姉妹で分けることにしました。 　姉の分と妹の分の長さの比を5：4にするには，それぞれ何mずつに分けたらよいですか。

指導の流れ（6年）①
「ずれ」を仕掛けた授業

(2) 本時の展開

学習活動	教師の働きかけ
１．弟の金額を考える ・このままではできない。 ・兄の金額がわかれば，弟の金額がわかる。 ・おこづかいの金額がわかれば，弟の金額がわかる。	・問題を提示する。 お母さんからおこづかいをもらいました。 　兄：弟＝３：２で分けました。 　弟はいくらもらいましたか。
２．兄の金額がわかるときの弟の金額を求める ・600 ÷ 3 ＝ 200（円） 　200 × 2 ＝ 400（円） ・600 × $\frac{2}{3}$ ＝ 400（円）	・兄の金額を 600 円とする。
３．おこづかいの金額がわかるときの弟の金額を求める ・4000 × $\frac{2}{5}$ ＝ 1600（円） ・4000 ÷（3 ＋ 2）＝ 800（円） 　800 × 2 ＝ 1600（円） ４．演習	・おこづかいの金額を 4000 円とする。

「ずれ」を仕掛けた授業の効用

　教師が課題を解決するための条件を全て与えるのではなく，課題を解決するための条件には何が必要かを考えさせることが主体性を生みます。本時は条件を１つ抜くことで，兄の金額とおこづかいの金額の２つの条件の必要性を生み出すことができます。

指導の流れ（6年）②
教科書をそのまま教える授業

1．単元名

　速さ（2/7）

2．本時の展開

　(1) 目標

　　　・速さの意味を知り，計算で求めることができる。

　(2) 本時の展開

学習活動	教師の働きかけ
１．どちらが速いかを考える ・A：160 ÷ 2 ＝ 80 　→１時間あたり80km ・B：225 ÷ 3 ＝ 75km 　→１時間あたり75km 　→自動車Ａの方が速い。	・２種類の自動車の条件を提示する。 　　A：160kmを２時間で進む。 　　B：225kmを３時間で進む。 ・要点をまとめる。 ・速さ＝道のり÷時間 ・単位時間を１時間として表した速さ→時速 ・単位時間を１分間として表した速さ→分速 ・単位時間を１秒間として表した速さ→秒速
２．時速・分速・秒速を求める演習をする ① 3600 ÷ 3 ＝ 1200（m/分） ② 18 ÷ 4 ＝ 4.5（km/時） ③ 120 ÷ 20 ＝ 6（m/秒）	① 3600mを３分間で進んだ自動車の分速 ② 18kmを４時間で歩いた人の時速 ③ 120mの高さを20秒でのぼったエレベーターの秒速

第3章 算数科の教材研究

指導の流れ（6年）②
「ずれ」を仕掛けた授業

(2) 本時の展開

学習活動	教師の働きかけ
1は「教科書をそのまま教える授業」に同じ。 2．速さを求める ・① 3600 ÷ 3 = 1200 　② 3600 ÷ 180 = 20 　③ 3600 × 20 = 72000 ・①分速を求めた。 　②秒速を求めた。 　　180 は 60 × 3 = 180（秒）。 　③時速を求めた。 　　20 は 60 ÷ 3 = 20（倍）。	・問題を提示する。 　3600mを3分間で進んだ自動車の速さを求めなさい。 ・それぞれどのように考えたのかを考えさせる。

「ずれ」を仕掛けた授業の効用

　秒速を求めるのか，分速を求めるのか，時速を求めるのか。あえてその条件を不足させることにより，求めるものの「ずれ」が生まれるわけです。

　「逆思考」のコツとしては，全員が理解できるよう，式全体の意味を捉えさせるのではなく，まずは部分的な数の意味を捉えさせるのがよいでしょう。例えば，②の180はどこからくるのか，③の20は何を表すのかといった具合です。

67

最近の私の関心は、「算数」だけでなく、「数学」も学習者主体の授業に料理できないかというものです。

　中学校の先生とお話ししていても、教師主体の授業が多いという話を聞きます。確かに、中学校からは小学校よりも学習内容が多くなりますし、内容自体も具体から抽象に変わっていきます。要するに、食材が硬く、料理しにくくなるのです。

　小学校と中学校の文化の違いはよく理解できるのですが、「アクティブ・ラーニング」の必要性が話題になっている昨今において、何とか数学の教材も料理できないだろうかと考えています。

　例えば、以下のような料理の仕方はいかがでしょうか。

指導の流れ（数学）
教科書をそのまま教える授業

1．単元名
　文字の式（8/17）
2．本時の展開
　(1)　目標
　　　・項・係数・1次の項・一次式の意味を理解する。
　(2)　本時の展開

学習活動	教師の働きかけ
1．単項式の性質を理解する	・単項式の性質を伝える。
	単項式… 数や文字についての乗法だけで できている式
・単項式の例を考える。 　$3x$, $4a^2$, -3 など。	
2．多項式の性質を理解する	・多項式の性質を伝える。
	多項式… 単項式の和の形で表される式
・多項式の例を考える。 　$3x - 2y$, $a^2 + 4ab$ など。	・係数・項・定数項・次数などの 　用語とその意味を伝える。
3．演習	

指導の流れ（数学）
「ずれ」を仕掛けた授業

(2) 本時の展開

学習活動	教師の働きかけ
1．仲間分けを考える ・仲間分け① | A	B | |---|---| | $5x^3$	$-2ab$ | | x^2+3x-5	$3a+2b$ | | $6x^3-2xy+4$	$4a$ | ・仲間分け② | A	B | |---|---| | $5x^3$ $-2ab$ $3a+2b$ $4a$	x^2+3x-5 $6x^3-2xy+4$ | ・仲間分け③ | A	B | |---|---| | $5x^3$ $-2ab$ $4a$	$3a+2b$ x^2+3x-5 $6x^3-2xy+4$ | ・仲間分け① 　Aグループは累乗が入っているが，Bグループは入っていない。	・6つの式を提示する。 　$5x^3$ 　x^2+3x-5 　$-2ab$ 　$3a+2b$ 　$6x^3-2xy+4$ 　$4a$ ・それぞれどのように仲間分けしたのかを考えさせる。

・仲間分け② 　Aグループは整数だけの項がないが，Bグループはある。 ・仲間分け③ 　Aグループは項が1つだが，Bグループは項がいくつもある。	・仲間分け①で次数，仲間分け②で定数項，仲間分け③で項・単項式・多項式の用語に触れる。

「ずれ」を仕掛けた授業の効用

「単項式」・「多項式」を教師が提示すると，子ども達の式の見方が限定されてしまいます。仲間分けさせ，「逆思考」の仕掛けをすることで，多面的に式を見ることができ，自然な形で数学用語を習得できるようになります。

第4章 算数科の授業の工夫

1 基本授業のあり方 ―「＋の集団」を作る―

　教師の役割とは何でしょうか。その１つは,「子どもを変容させるきっかけを作ること」だと思います。授業の始まりと比較した終わりの変容,登校したときと比較した下校するときの変容,４月と比較したときの来年３月の変容。子ども達はどれくらい変わることができるか。

　学校教育の中で子どもが変わるきっかけは,主に２つです。

| ・教師が子どもを変える（縦糸） |
| ・子どもが子どもを変える（横糸） |

　多くの教育書に「縦糸」と「横糸」のことが記されていますので,それらの具体的な内容はここでは割愛します。教師の中には,非常に強い縦糸を張ることのできる先生方がいらっしゃいます。いわゆるスーパーティーチャーです。

　大変大きな声で,挨拶・返事ができる。
　挙手のときは,指先までぴんと伸びている。
　話を聴くときは,背もたれを使わず,背筋が伸びている。
　隅々まで整理整頓がなされている。
　常に動きが速い。
　問題行動がほとんど起こらない。
　テストの平均点は,常に他のクラスよりも高い。

　教師に子どもを変えることができる圧倒的な力があるのです。これだけを聞くと,すばらしいことなのですが…もし仮に,縦糸の関係を中心に学級を成り立たせている教師の場合,新年度に担任が変わったら,どのようなことが起こるでしょう。

　「前の先生は,こんなことをしてくれたのに。」
　「去年のクラスはよかったなあ…。」
　過去と現在とのギャップに戸惑い,愚痴をこぼす子がいるかもしれま

第4章　算数科の授業の工夫

せん。愚痴だけならまだましで，自信を失い，問題行動を起こしたり，不登校になったりする子もいるのが現状です。

　自分を変えるきっかけを作ってくれたのは「前担任」であり，その存在を失った途端，ギャップに戸惑った子ども達は変わるためのきっかけを失ってしまったのです。

　もちろん，縦糸を強く張れる教師からの教えを胸に刻み，新年度になっても自分を律し続けることができたらよいのですが…自分を律し続けるのは大人でも難しいですよね。

　実際，自分を最終的に変えるのは，教師でも仲間でも保護者でもありません。自分を最終的に変えるのは,結局のところ「自分」しかいません。自分が変わろうと思った瞬間から，人は変われるのだと思います。我々教師や仲間や保護者は，変わるための「きっかけ」を作ることしかできないのです。

　では,次年度以降も変容するための「きっかけ」を作り続けるには…。それは，**子どもが子どもを変える「横糸」をしっかりと張るということです。**

　菊池省三先生の「ほめ言葉のシャワー」という実践があります。一人ひとりのよさを，子ども達が互いにほめ合うというものです。今の学級に所属意識をもたせ，安定した学級づくりにつながります。

　しかし，私はそれにはもっと大きな教育効果があると思っています。それは，よい人間関係を築くためには，「相手のよいところに目を向けることが大切であること」を子ども達が学ぶということです。この考え方は，その年度だけではなく，次年度以降も子ども達の中に残っているでしょう。今後，人間関係でうまくいかなくなったとき，その考え方に立ち戻る子もいるのではないでしょうか。

　新年度になると担任は変わりますが，学年の子ども達のメンバーは変わりません。ならば，子ども達が＋の集団となるための「型」や「きっ

かけ」さえ教師が作ってあげられれば，それはずっと生き続けることになるでしょう。

まとめると，縦糸はもちろん大切なのですが，年度が変わると縦糸はなくなります。けれど，横糸は生き続けます。ここから言えることは，縦糸が最終的な「目的」なのではなく，縦糸は横糸を紡ぐための「手段」ということになります。

子ども達によく話していることですが，集団には2種類あります。「＋の集団」と「－の集団」です。

「－の集団」は，足を引っ張り合う集団です。ルールを破る，悪口を言う，行動を遅い子に合わせる，何でも行動を共にする。つまり，集団で易きに流されてしまうのです。

逆に「＋の集団」は，高め合う集団です。互いによい刺激を受けて，皆で伸びていきます。そのような集団を作っていかなくてはいけません。

では，具体的に教師がどのような工夫をすれば，「＋の集団」を作ることができるのでしょう。授業に即して具体的な話を進めていきます。

① ノート指導

教師がノート指導をするだけでなく，子ども達で刺激を受け合う仕組みを作ります。

例えば，ノートの展覧会。最近の授業の中で自分が最もノート作りに力を入れたページを開け，机の上に置きます。立ち歩き，仲間のノートを互いに見合います。美しいノートに刺激を受けたり，参考になることをどんどん吸収したりします。

また，ノートの発表会もよいでしょう。班の中で，最も工夫されたノート作りをしている子を1人選びます。その子が前に出て，ノートを見せながら工夫している点を発表します。聞き手にとっては，大変参考に

なることでしょう。

②　速い子に合わせる

　ノートを写す，紙をはさみで切る，コンパスで作図する。それらの作業には当然子ども達の速さの差が生まれるわけですが，私は「速い子」に合わせます。まだ紙をはさみで切っている子がたくさんいたとしても，次のことに移ります。置いていかれる子がかわいそうに感じられるかもしれませんが，遅い子に合わせていたら，逆に速い子の時間を奪うことになってしまいます。速い子に合わせることによって，遅い子は焦り，次第に作業スピードが上がってきます。よい意味で，焦りを感じさせることが大切だと思います。

　教師がハードルを低くすれば，子ども達はそれを跳ぶ力しか発揮しなくなるし，逆にハードルを高くすれば，それを跳ぼうと懸命に力を伸ばします。どちらの方が子どものためになるのかは，明らかだと思います。

③　手本を探す

　授業中に，子ども達のよいところをたくさん探すようにしています。

　『A君の姿勢がよくて，やる気が伝わりますね。』

　『Bさんの今の説明は，ていねいでとてもわかりやすかったですね。』

　『C君は答えだけではなく，その考え方も述べていましたね。』

　『Dさんはたくさん手を挙げますね。たくさん頭を使っている証拠です。たくさん頭を使っている人は，どんどん賢くなります。』

　すると，周りの子も刺激を受けて，まねをしようとします。自信をつけさせるためにほめることも時には大切ですが，お手本を探し，その子の行動をピックアップして共有すると，どんどん＋の集団へと変わっていきます。

④　勉強法を話し合わせる

　例えば，次のテストまでにどのような家庭学習をすれば力がつくのかを話し合わせます。

　間違えた問題をもう一度解き直す，大切なところを音読する，自学ノートにまとめ直す，親に問題を出してもらう…。さまざまなアイデアが出されます。教師が学びのコツを教えるのもよいのですが，同世代で意見を出し合った方が，互いのよい刺激となります。また，大切な視点を教師がわざわざ伝えなくても，伝えたいことはほぼ子ども達の意見から出てくるものです。

⑤　ゲームで競わせる

　『身近な正多角形（正五角形以上）には何がありますか？』
　これをチーム対抗戦で行わせます。

　鉛筆の裏・ハチの巣・おみくじの筒・お菓子の箱・タイル・抽選箱・時計・サッカーボール…。

　1人で考えて発表するときよりも，対抗にすることで，子ども達は必死に考えようとします。自分たちには無かった相手のアイデアに，心から悔しがります。

　運動会でも，合唱コンクールでも，いつも相手チームに感謝することの大切さを子ども達に伝えています。相手が努力しているから，自分たちも努力しようと思います。逆に相手がいい加減な気持ちなら，自分たちの気持ちも入りません。ですから，一生懸命がんばって刺激をくれた相手がいたからこそ今の自分たちがあることに，感謝できたらと思います。

　授業でも同じで，相手が必死に考えるから，自分も必死に考えるという＋の効果が生まれます。

2　演習授業のあり方

(1) ロスタイムを0にする

　若い先生の授業を見ることがよくあります。中には，色々と工夫されているのですが，子ども達は手遊びをしたり，後ろを向いて私語をしたり，ふざけたり…。

『授業に集中しなさい！』

『A君，B君と席を離しますよ。』

『何度同じことを言わせるの！』

　教師の怒鳴り声が，むなしく教室に響き渡ります。当然，事態は悪くなるばかり。一体何が問題なのでしょうか。

　いくつか原因があるにせよ，よくある原因，そして改善しやすい原因は，

ロスタイム

があることです。特に，算数という教科は，得意な子と不得意な子との差が大変大きく表れます。

　例えば，計算の演習をさせるために問題を解かせるとします。全員ができるまで待つとなると，早めにできた子は手持無沙汰になります。何もすることがなくなった子ども達は，手遊びをしたり，私語をしたり，ふざけたりし始めます。それを教師が注意する。

　いえいえ，子どもは何も悪くありません。原因は教師です。

　子ども達は，

「先生，もっと僕たちに力をつけさせてよ。」

そう心の中で叫んでいるのだと思います。まだ小学生ですから，そのことをうまく表現できません。だから，別の形で出てしまうのです。その

メッセージに教師は気づかないといけません。

では，ロスタイムを無くすためには，どうすればよいのでしょう。例えば，以下の方法が考えられます。

> ① 読書などの自習をさせる。
> ② 見直しをさせる。
> ③ 別解を考えさせる。
> ④ 調べ学習・問題づくりなどの自学をさせる。
> ⑤ もう1枚プリントをさせる。
> ⑥ 黒板に書かせる。
> ⑦ チャレンジ問題に挑戦させる。
> ⑧ 仲間に教える。

特に注目したいのは，⑧です。私はよく，丸つけを終わった子から先生役をさせます。教師が全員の丸つけや質問受けをするのは時間的に困難なので，先生を増やすことによって，ロスタイムを無くすことができるのです。

また，⑧をよく活用するもう1つの理由があります。以下は，学習定着度を表した「ラーニングピラミッド」というものです。

> ・聞く…5%
> ・見る…10%
> ・聞いて見る…20%
> ・話し合う…50%
> ・体験する…75%
> ・教える…90%

例えば，話を「聞く」だけなら，頭に残る内容は5%しかないというデータが出ています。これに対し，「話し合う」ことにより，50%の内容が頭に残り，10倍の学習効果が得られるというデータが出ています。そして，最も効果的なのは，「教える」という学習方法です。相手に教

えることにより，自分の思考がもう一度整理されることになるのです。
　つまり，⑧は教師側もよい意味で楽になり，教えてもらう側も理解ができ，教える側もさらに力がつくという，まさに一石三鳥の効果があるのです。余談になりますが，まさに，教師というのは人に教えることが多い仕事。教師が人に教えているようで，実は一番勉強になっているのは教師自身なのかもしれません。

　演習授業でも通常授業でも，ポイントは45分間走り続けさせるということです。休む時間は休み時間があります。ロスタイムを与えてはいけません。上の①〜⑧の例をもとに，走り続けさせるための工夫をしてみてください。

(2)　演習の意欲づけに＋α
　以前，子ども達の掃除に対する意欲の低さが気になることがありました。一応掃除はしているのだけれど，どこかやらされている感…。
　「掃除とは，使わせていただいている教室への感謝の時間です。また，自分の心を磨く時間です。」
　そう諭しても，なかなか子ども達の心に火はつきませんでした。どうしたものか…。そこで考えたのが，MVP制度です。掃除が終わって反省会をするのですが，その際，司会の子がその日の掃除で最もがんばっていた子を表彰するというものです。
　「今日のMVPは，○○君でした。理由は，誰よりも早く掃除を始め，一番最後まで机を整えていたからです。」
　「今日のMVPは，○○さんでした。理由は，一言もしゃべらずに黒板を拭き，ピカピカにしてくれたからです。」
　その制度を取り入れて以降，子ども達の動きは大きく変わりました。以前は，外発的動機づけの教育観に抵抗を持っていたこともありました

が，外発的動機づけからゆくゆくは掃除の楽しさを感じたり，掃除本来の意味に気づいたりする内発的動機づけにつながってくれたら…というくらいに考えるようになりました。

この掃除で学んだことは，

| 少しスパイスを加えるだけで，空気は劇的に変わる |

ということです。

演習授業1つをとっても，ただプリント学習をさせるというだけでは，子ども達は受け身になりがちです。演習授業に何か一工夫加えるだけで，子ども達の目は輝きだす。そう思っています。

では，演習授業に加えることができるスパイスには，どのようなものがあるか。例えば，以下のものです。

① 演習＋ゲーム
② 演習＋プロジェクトアドベンチャー

いくつか具体例に即してお話をします。

① 演習＋ゲーム

(i) 約数でビンゴ！

25ますのビンゴカードを用意します。

『例えば，「6の約数に○をしましょう。」と言います。そうしたら，6の約数の1・2・3・6があれば○をしましょう。』

子ども達は，25個のますに25種類の数字を書きます。1～50の範囲にするなど，事前に範囲を決めておきましょう。

単なるゲームではありません。ここから学びが始まります。

『真ん中を1にしている子が多いけど，どうしてかな？』

約数には，必ず1が入っていることに気づかせます。

ビンゴスタート。『8の約数は？12の約数は？』

ここで，発言をする子が出てきます。

第4章　算数科の授業の工夫

「重なるところはどうするんですか？」

確かめてみると，1・2・4の数字に関しては重なります。

「公約数」という言葉が子どもたちから出てきたらしめたものです。そう，「公約数」の復習になるのです。

また，約数が2個の数のことを「素数」ということにつなげることもできます。

(ii) 私は誰でしょう

ゲーム「私は誰でしょう」を算数に応用します。

例えば，図形の性質の復習をします。紙には，二等辺三角形・ひし形・円・直方体…などの言葉が書かれています。それを，1人1枚背中に貼ります。自分に何が貼られているかはわかりません。

ペア活動を始めます。互いに背中を見せ合います。

「私はこういうものです。」

そして，「はい」か「いいえ」で答えられる質問が1つだけできます。

例えば，

「私は角が4つありますか？」

「私は線対称ですか？」など。

ペア活動が終わったら，また別のペアを作って同じ活動をします。質問を重ねるにつれて，自分が何者なのかがわかってきます。

わかった時点で，教師に伝えます。

「私は台形ですか？」

「私は立方体ですか？」

正解できたらクリア，間違えたらもう1回。できる限り，クリアできる子を増やします。

『正三角形の性質は何でしたか？』

『全ての辺が等しい箱のことを何と言いますか？』
と尋ねると，子ども達は受け身になります。このゲームをすることで，自分から図形の性質を考えたり，図形を想像したりするので主体的な学びになりますね。

このゲームのよさは，色々なことに応用できるということです。例えば，社会科の都道府県。

「私の都道府県には湖がありますか？」

「私の都道府県はみかんの生産が豊富ですか？」

盛り上がりそうですね。他にも，国語科の漢字，社会科の歴史上の人物，理科の植物など，色々と試してみてください。

(ⅲ) 100ますリレー

例えば，毎朝100ます計算をするとします。タイムが伸びてくるときは子ども達も意欲的に取り組みますが，停滞してきた頃，少し子どもの意欲が落ちてくるかもしれません。そんなときに空気を変えてくれる「100ますリレー」がおすすめです。

班対抗戦で行います。班に100ます計算の用紙は1枚。

スタートの子を決め，その後時計回りの順で行います。スタートの合図で，最初の子が1ます目を計算します。そして次の子に紙を回し，また1ます計算します。後はそれの繰り返し。もし4人の班なら $100 \div 4 = 25$（周），5人の班なら $100 \div 5 = 20$（周）することになります。一人ひとりが追い込まれるわけですから，普段以上に脳が活性化することになるでしょう。

(ⅳ) 瞬間ゲーム

瞬時に答えられるかどうか。それを試すゲームです。

例えば，割合の単元で，百分率・歩合を倍に変換する練習をします。

『30%は?』

「0.3倍!」

『2割4分は?』

「0.24倍!」といった具合です。

　まずは全員起立。教師が一人ひとりを指名し,問題を出します。瞬時に答えられたら座る。間が空きすぎたり,詰まったりして答えられなければ,起立したままです。一回りし,起立したままの子にはもう一回問題を出します。全員が座れた時点で,拍手して終わります。

　このゲームには,留意点が2つあります。

　1つは,答えられなくて起立したままの子がつらくならないような空気感を作ることです。あくまでゲームなので,楽しくやりましょう。

　2つ目は,初めからゲームをするとつまずく子が多いので,ウォーミングアップをした方がよいと思います。まずは,教師が子ども全体に問題を出す,ペアで問題を出し合うなど,脳を温めてからゲームに移るとよいでしょう。

　このゲームは,さまざまな場面で応用できます。

　面積の公式・最小公倍数・最大公約数・単位換算・四捨五入…などバラエティ豊かです。算数だけではなく,県庁所在地・英単語などにも活用できそうですね。

　プリント演習でひたすら百分率・歩合を倍に変換する練習をするよりも,楽しく身につきやすい指導法です。

②　演習＋プロジェクトアドベンチャー

　学級全員で何か共通の目標を達成するプロジェクトアドベンチャー。これを,学習に応用してみます。

(i) カード並べ

 1年生で大きな数を学習した後に使えるプロジェクトアドベンチャーです。30人学級であるなら，1〜30と書かれた30枚のカードをランダムに子ども達に渡していきます。

 1から順に並び，30まで並び終えるタイムを計ります。目標は，1分以内に並び終えることです。楽しみながら，数系列を覚えていきます。慣れてきたら，1・7・10・11・19・……・100というように，100までの飛び飛びのカードを持たせてもおもしろいかと思います。

(ii) 九九リレー

 「$1 \times 1 = 1$，$1 \times 2 = 2$，……，$9 \times 9 = 81$」

 九九を1人1つずつ順番に言い，$9 \times 9 = 81$まで続けます。目標は，1分以内に81個を言い終えることです。

 初めは2分以上かかるかと思いますが，子ども達に作戦を立てさせると，

・他の子の番でも九九を一緒に心の中で唱える
・相手の顔が見えるように円形になる
・間髪入れずに言う

などの意見が出され，徐々にタイムが縮まっていきます。

 学力を身につけることだけではなく，子ども達に作戦を立てさせることで，主体性を育むこともできます。

(iii) 長方形を探せ！

 2年生で「長方形」を学習した後，身の回りの長方形の形のものを探すという授業はよくあると思います。

 これに，プロジェクトアドベンチャーを絡めてみてはいかがでしょうか。

第4章　算数科の授業の工夫

『今から，教室の中の長方形を全員で 30 個見つけます。制限時間は 3 分間です。用意，始め！』

子ども達は 30 個も…と驚きますが，意外にあるものです。

机・筆箱・雑巾・黒板…

ただ身の回りの長方形の形のものを探すという学習に一味加えるだけで，子ども達の目の輝きは大きく変わります。

(iv) 点対称の漢字は？

6 年生で「点対称」の学習を終えた後，点対称の漢字探しをします。線対称の漢字は，火・山・品・間…などたくさんあるのですが，点対称となると，なかなか思い浮かびません。目標は，制限時間 3 分間で，全員で 20 個見つけることです。

点対称の漢字は，例えば以下の通りです。

| 一 三 十 田 日 亜 亞 乙 己 川 |
| 車 幸 串 互 口 回 目 井 囲 工 |

なるほど…と思う漢字もありますよね（笑）。子ども達は，頭を抱えながらも楽しそうに取り組みます。

(3) 演習プリントを作るコツ

演習プリントは，何をさせても同じ効果が生まれるわけではありません。この演習プリントの質によって，子ども達に身につく学力は大きく左右します。

学力がきちんと身につく演習プリントを作るには，いくつかのコツがあります。

① 同条件異数値問題を出す

4年生の「もとの数はいくつ」の単元。

> スーパーで、同じ値段のケーキを5個買い、次に120円のジュースを買うと、全部で520円になりました。ケーキ1個の値段は何円ですか。

この問題に授業で取り組んだ後、以下の問題をさせるとします。

> Aさんのクラスでは、折り紙を29人に同じ数ずつ配りました。その後、Aさんは友達から3枚もらったので、Aさんの折り紙の枚数は8枚になりました。クラス全体で、何枚の折り紙を配りましたか。

テーマは同じなのですが、状況が大きく変わると、算数の苦手な子はなかなか手がつけられません。

そこで、2題の間にもう1題差し込みます。

> スーパーで、同じ値段のケーキを5個買い、次に120円のジュースを買うと、全部で520円になりました。ケーキ1個の値段は何円ですか。

⇩

> スーパーで、同じ値段のケーキを7個買い、次に100円のジュースを買うと、全部で940円になりました。ケーキ1個の値段は何円ですか。

⇩

> Aさんのクラスでは、折り紙を29人に同じ数ずつ配りました。その後、Aさんは友達から3枚もらったので、Aさんの折り紙の枚数は8枚になりました。クラス全体で、何枚の折り紙を配りましたか。

授業で取り組んだ問題と数値のみを変更した問題を1題させる。そうすることで、考え方が定着し、それが自信にもつながります。授業だ

けでは、「わかる」段階に過ぎません。「わかる」を「できる」にすることで、真に理解したことになります。そのためには、まず上のような類似問題をさせるとよいでしょう。

②　易しい問題から難しい問題へ

それぞれの問題の「メッセージ」を読み取ることができるか。その力が身につくと、美しいスモールステップを築き上げることができます。

例えば、以下の①〜⑥の問題を、易しい問題から難しい問題へと並べ替えてみてください。

①　21＋35＋11
②　13＋24
③　49＋77
④　67＋88＋79
⑤　29＋53
⑥　51＋16＋58

並べ替えると、以下のようになります。
②　13＋24…繰り上がりなし
⑤　29＋53…繰り上がり1回
③　49＋77…繰り上がり2回
①　21＋35＋11…3項の繰り上がりなし
⑥　51＋16＋58…2項までは繰り上がりなし
　　　　　　　　3項目で繰り上がりあり
④　67＋88＋79…2項目も3項目も繰り上がりあり

このように、いかなる問題にもメッセージがあります。まずは、それを読み取らなくてはいけません。ステップが美しければ、子ども達は順調に階段を上っていくことができます。

もう1単元見てみましょう。以下の①～⑦の問題を，易しい問題から難しい問題へと並べ替えてみてください。

簡単な比にしなさい。
① $\frac{3}{4} : \frac{5}{6}$
② 0.6 : 0.48
③ 12 : 6
④ 0.6 : $\frac{2}{5}$
⑤ 14 : 35 : 49
⑥ 15 : 24
⑦ 0.8 : 6

結果は，以下の通りです。

③ 12 : 6 … 2項を片方の数でわり切ることができる
⑥ 15 : 24 … 2項の最大公約数でわり切ることができる
⑤ 14 : 35 : 49 … 3項の最大公約数でわり切ることができる
⑦ 0.8 : 6 … 小数：整数
② 0.6 : 0.48 … 小数：小数
① $\frac{3}{4} : \frac{5}{6}$ … 分数：分数
④ 0.6 : $\frac{2}{5}$ … 小数：分数

スモールステップを踏み，小数・分数の比の処理をするので，最後の問題は学びが広がり，小数にそろえることもできるし，分数にそろえることもできます。

③　問題に美しいストーリーを語らせる

問題の「メッセージ」を読み解くことで，美しいストーリーを作り上げることができます。

以下の図の色のついた部分の面積を求める4題を，易→難の順番に

第4章 算数科の授業の工夫

並べ替えてください。

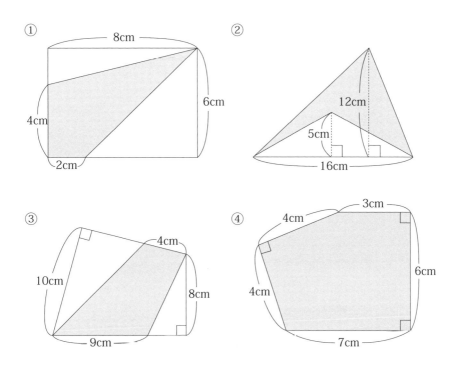

①は，全体の長方形の面積から2つの三角形の面積をひいて求めることもできますし，面積を求める図形を2つの三角形に分けて考えることもできます。

②は，大きな三角形の面積から，小さい三角形の面積をひいて求めることができます。

③は，全体の面積から2つの三角形の面積をひいて求めることができそうですが，その方法では解けません。面積を求める図形を2つの三角形に分けて考える方法で求めることができます。

④は，全体の面積を三角形と台形に分けて考えることができます。

以上を整理すると，以下のようになります。

| ① 全体からひく・分ける |
| ② 全体からひく |
| ③ 分ける |
| ④ 分ける |

ストーリーを作るなら，

②→③・④→①

となりますが，③と④を比較すると，③の方が難易度が高いので，

②→④→③→①

とするのがよいでしょう。

(4) 課題を作らせる

　課題を与えられ，それを消化するだけではなく，自ら課題を作ることも価値のある演習方法だと思います。与えられた課題を解決することよりも，自ら課題を作る方が，何倍も頭を使うことになります。

　具体的には，単元を終えたらその範囲からテスト問題を作らせます。

　45分の使い方は，例えば以下の通りです。

　25分間…テストの作成。

　5分間…解答の作成（裏面）。

　10分間…ペアでテストを交換し，互いに解き合う。

　5分間…テストを自分の手元に戻し，採点，間違いがあれば相手に解説。時間が余れば，テストの展覧会。

　初めは教科書に沿った問題を作る子が多いですが，経験を重ねるとオリジナル問題を作ることができるようになります。教師顔負けの問題を作る子も（笑）。

　学びの自由度，作った問題を相手が解いてくれる喜び，学びを深められた実感…など，知的好奇心をくすぐる学び方で，子ども達からは大変好評です。

3 発展授業のあり方

　学級には，算数を苦手としている子もいれば，得意としている子もいます。

> 授業のレベルをどの子に合わせればよいか。

　研修会などでよく出される質問です。だいたい真ん中くらいに合わせればよいのではないか。上位 $\frac{1}{3}$ くらいではどうか。それでは，苦手な子がついてこられない…。

　色々な意見が出されるところですが，実際のところはユニバーサルデザインの重要性がよく説かれているように，全員が理解できるレベルにもっていくと考えるのが一般的です。しかし，もう一方で得意な子の力も十分に伸ばせているでしょうか。授業で取り組む教材が易しかったり，授業を進める進度がゆっくりだったりして，学級の中で退屈にしている子はいないでしょうか。

　「できる子は放っておいても伸びていく。」という声をよく耳にします。塾で学力上位層を伸ばす仕事をしてきた経験からいうと，それは一概に正しいとは言えません。確かに，放っておいてもある程度は伸びていくのかもしれません。しかし，「ある程度」なのです。得意な子を本当に満足させて伸ばそうと思えば，そこには教師の手立てが必要です。

　しかし，ただ難度の高い教材を使用しても，今度は逆に苦手な子たちがついてこられません。得意な子も，苦手な子も，満足して伸びる授業。そこには，教師の腕が必要です。

　例題をもとにしながら，発展授業のあり方を考えていきましょう。

> 　A君とB君の持っているお金の平均は510円，B君とC君の持っているお金の平均は730円，A君とC君の持っているお金の平均は640円です。このとき，B君はいくら持っていますか。

「平均とその利用」の学習を一通り終えた後の発展教材です。まず1つ目のポイントは，問題選びです。難しすぎると子ども達がついてこれない。易しすぎると空気がだれる。そこで…

ポイント①
子ども達の少し上のレベルで設定する。

発展教材は，易しい教材と何が違うか。一番大きな違いは，条件が多くなったり，複雑になったりすることです。

ポイント②
条件整理力を育む。

文章を文章のままでとらえると，非常にわかりにくいです。文章を自分なりに式・表・図などに置換してみる。そうすることで，頭の中が整理されます。自ら条件を整理する力をつけさせなければいけません。

本時の問題は，式化するとよいでしょう。

$A + B = 510 \times 2 = 1020$（円）
$B + C = 730 \times 2 = 1460$（円）
$C + A = 640 \times 2 = 1280$（円）

子ども達によく伝えているのは，条件を整理した後は，問題文に戻らず，整理した式・表・図のみで考えるということです。整理したものと問題文とを行ったり来たりすると混乱しますし，整理したものには全ての条件が書いてあるので，そもそも問題文に戻る必要はないのです。

さて，この後どうするか。

ポイント③
段階をふむ。

発展教材と易しい教材のもう1つの違いは，思考過程の長さです。発展教材は条件が複雑な分，課題提起から結論に至るまでの距離が長くなります。

「一人学び→ペア学び→集団学び」の学びの型の必要性はよく言われ

第4章 算数科の授業の工夫

ることですが，発展授業は思考過程が長い分，一度途中でつまずくと，取り残されてしまうのです。

そこで，段階をふむ。上の3つの式で表すことができることを確認したら，もう一度，一人学びに戻します。

「一人学び→ペア学び→集団学び」を2回，3回繰り返して細かく段階をふむことで，取り残される子がいなくなります。

さて，この後は「逆思考」の仕掛けをします。

【考え方①】
　(1020 ＋ 1460 ＋ 1280) ÷ 2 ＝ 1880（円）
　1880 － 1280 ＝ 600（円）

【考え方②】
　1020 ＋ 1460 － 1280 ＝ 1200（円）
　1200 ÷ 2 ＝ 600（円）

この2種類の式の意味を全員で考えます。

【考え方①】

1880円は，A＋B＋Cを表します。そこから，A＋Cの1280円をひけばよいわけです。

【考え方②】

1200円は，B2人分を表します。ですから，2でわるとB1人分を求めることができるわけです。

ここで意識したいことは，

ポイント④
おいしくないところは教師が食べる。

【考え方①】の場合，
　『1020＋1460の答えはいくつですか？』
　『2480＋1280の答えはいくつですか？』

95

『3760÷2の答えはいくつですか？』

『1880は何を表しますか？』

『1280は何を表しますか？』

『1880－1280の答えはいくつですか？』

『600は何を表しますか？』

など，一つひとつを尋ねていると，空気がだれてきます。

　本時のポイントは，1880の意味と，なぜ1280をひくのかというところです。そこに焦点をしぼってじっくりと考えさせる，後のところは教師が処理してもよいと思います。

　何度も書きますが，発展教材は条件が多く複雑で思考過程が長いので，ポイントのところもそうでないところもメリハリなく進めていくと，空気がだれてきます。

　おいしくないところは教師が食べ，おいしいところを子どもにじっくり食べさせることを意識しましょう。

　以上の4つのポイントを踏まえ，もう1題考えていきましょう。単元は，同じく「平均とその利用」です。

大きさの違う5つの整数があり，小さい順に並べるとA・B・C・D・Eです。その平均は16で，小さい方の4つの数の平均は14，大きい方の4つの数の平均は17です。真ん中のCが奇数のとき，Dはいくつですか。

　先ほどの問題が理解できているようでしたら，上のように，もう一段上のレベルの問題に取り組んでもよいかと思います。

　条件を整理します。

第4章 算数科の授業の工夫

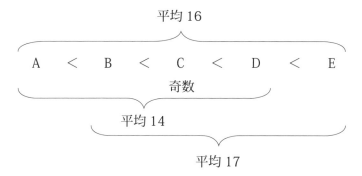

ここで，一段階目が終わり。もう一度，一人学びから始めます。
一人学びを終えてから，わかるところはないかを考えていきます。
16 × 5 = 80…5つの整数の合計
80 − 14 × 4 = 24…E
80 − 17 × 4 = 12…A
80 −（24 + 12）= 44…B + C + D
手に入れた情報は，必ず図に書きこませましょう。

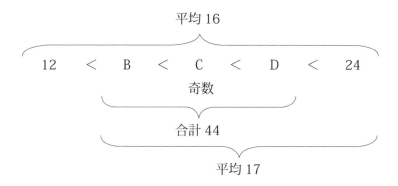

また，大切なところだけピックアップしてもよいと思います。

これで，二段階目終了。三段階目に入ります。
A = 12 なので，B = 13 から考えていきます。
44 − 13 = 31…C + D
よって，
C = 14，D = 17
C = 15，D = 16
このどちらが正しいことがわかります。
　計算処理など，おいしくないところは教師が食べ，ぜひ，この「ずれ」はじっくりと考えさせたいところです。
　話し合いの結果，C は奇数なので，C = 15，D = 16 であることがわかります。

第5章 教師力を磨く

「教師力」とひとことで言っても，色々なとらえ方がありますが，ここで言う教師力は，「子どもを伸ばす力」とします。では，子どもを伸ばすためには，教師はどのようなことをすればよいのでしょう。
　研究授業をする，研究授業を見る，セミナーに参加する，教育書を読む…色々な手段があるかと思いますが，大切なことは，それに「目的意識」があるかということです。
　例えば，子ども達の中にも，こんな子がいると思います。話を聞く態度がすばらしい，ノート作りがとてもていねいである。でも，成績が伸び悩んでいる…。その子は，努力はしているのですが，「目的意識」がないのです。ただ話を聞いているだけ。ただノートをていねいに書いているだけ。どのようにすれば，話の内容をどんどん吸収できるのか。どのようなノートを作れば，どんどん頭に入ってくるのか。それがあるのとないのとでは，力のつき方が大きく変わってきます。
　教師も同じです。研究授業をしたり,見たりするだけで満足。セミナーに参加したり，教育書を読んだりするだけで，力がついた気になっている。それでは力はつきません。何度も書きますが,大切なのは「目的意識」です。どのような「意図」をもって研究授業をするのか,研究授業の「どこ」を見るのか，セミナーに参加して「何」を学ぶのか，教育書を現場に「どのように」生かすのか。**一つひとつを意識することで，確実に階段を上がることができるようになります。大切なことは,「量」より「質」。もっとよいのは，「質の高い量」。**
　以下に書くのは，私がしてきた実践ですが，それがそのままお役に立つかどうかはわかりません。自分に合う実践にするためには，どのようにアレンジすればよいのか。自分に置き換えて考えながら読んでいただけたらと思います。

1 小学算数のわくを越える

　これは私の持論ですが，小学校の教師は難関中学の入試問題に対応できたり，数学の世界を十分に知ったりしておくべきであると思っています。

　「教師は五者であれ」と昔から言われます。

> 学者
> 　勉強を教えるための技術や知識を持っている。
> 医者
> 　顔色や行動から，その日の子どものコンディションを見極めることができる。
> 易者
> 　過去の経験やデータから子どもの適性を見抜いて，適切な進路指導ができる。
> 役者
> 　子どもを惹きつけて，感動させる授業ができる。
> 芸者
> 　時には勉強以外の余裕や遊びをもった魅力的な人間であること。

　第一に，教師は「学者」でなければいけません。例えば，小学校の教師が教科書レベルの問題しか対応できないのであれば，子どもと同じ視点・視野からしか授業が作れないことになります。そうすると，授業内容が薄くなってしまうのです。難関中学の入試問題を知ることで視点が深くなり，数学の世界を知ることで視野が広くなります。教師が子どもと別の次元にいることで，質の高い教材研究ができたり，子どもから出された意見を上手に交通整理できたり，到達するゴールが高くなったりするのです。

　よく塾は詰め込みだ，受験テクニックだと言われ，入試問題は学校と

は別世界のように見られがちですが，私は，それは違うと思っています。中学入試問題は，中学校・高等学校の先生方が練りに練られた知恵が凝縮されているものであり，問題をアレンジすることで，とても奥深い授業ができあがります。

その一例を，4分野に分けて紹介します。

① 「数と計算」分野の授業

> 1から30までの整数をすべてかけた数$1 \times 2 \times 3 \times \cdots\cdots \times 30$は，終わりに0がいくつ並びますか。

初めから問題を提示するのではなく，まずはこのように発問して動機づけをします。

『1から10までをかけると，いくつになるかな？』

$1 \times 2 \times 3 \times 4 \times 5 \times 6 \times 7 \times 8 \times 9 \times 10 = 3628800$

終わりに0が2つ並ぶことに気づかせます。

では，もう少し数を増やすとどうなるか。そこで，上の問題を提示します。

「計算するのは無理だよ。」

子どもの素直な反応です。では，どうすればよいか。しばらく考えさせることにします。難しそうであれば，終わりに0がつくかけ算を考えさせます。

> ・$5 \times 8 = 40$
> ・$6 \times 15 = 90$
> ・$10 \times 7 = 70$

「2の倍数と5の倍数をかけたらいいんだ！」

「10×7はその形になってないよ。」

「10ははじめから2の倍数でも5の倍数でもあるよ。」

子ども達は，早速1～30までの2の倍数と5の倍数を探し始めます。

探していくうちに，5の倍数の方が少ないので，5の倍数だけ考えればよいことに気づきます。

「5の倍数は，5・10・15・20・25・30の6個あるから，終わりに0が6個並ぶことになるね。」

ところが…

「終わりに0は7個並ぶことになるんじゃないかな。」

答えは6個ではなく7個？「ずれ」が生じるわけです。ここからが展開のおもしろいところ。あと1個がどこに隠れているのか。全員で探しに行きます。

実は，25を素因数分解すると5×5となり，5が2つ入っているのですね。子ども達は納得の表情で，授業を終えることになります。

② 「量と測定」分野の授業

次の図の色のついた部分の面積を求めなさい。

ただし，3つのおうぎ形の半径は全て等しいです。また，円周率は3.14とします。

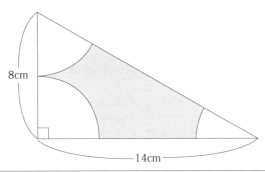

「全体の直角三角形の面積から，おうぎ形3つの面積をひいたらいいね。」

「でも，おうぎ形の半径の長さも中心角の大きさもわからないよ。」

ここで行き詰まるのが，この問題のおもしろいところです。

半径の求め方は，簡単に気づきます。半径2つ分が8cmですから，半径1つ分の長さは，8÷2＝4(cm)となります。ところが中心角は…？実は，一つひとつの中心角を求めなくても，おうぎ形3つを合わせると，三角形の内角の和の180度となります。つまり，半円になるわけです。

よって，おうぎ形3つの面積は，
$4 \times 4 \times 3.14 \times \frac{180}{360} = 25.12$（cm²）となります。

あとは，直角三角形の面積からそれをひけばよいので，
$14 \times 8 \div 2 - 25.12 = 30.88$（cm²）が答えとなります。

『8cmと14cm，着目するのはどちら？』

『A君の式の中の$\frac{180}{360}$の意味は？』

など，逆思考の発問をすると，学びが広がります。

③ 「図形」分野の授業

次の図のように，直角三角形ABCと直角三角形DCBの斜辺の交点をEとして，点EよりBCに垂直な線をひきます。このとき，BFの長さを求めなさい。

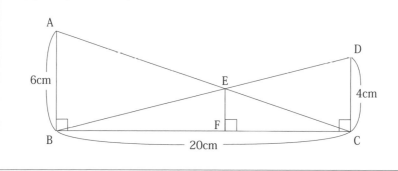

教師が，

『三角形ABEと相似の関係にある三角形はどれですか？』

と発問するのではなく，間口を広げて相似の関係にある三角形をどんどん見つけさせるようにします。学びが広い方が，子ども達は喜びます。

第 5 章　教師力を磨く

次々に相似の関係にある三角形を発見します。

- 三角形 ABE と三角形 CDE
- 三角形 BEF と三角形 BDC
- 三角形 CEF と三角形 CAB

三角形 ABE と三角形 CDE の相似の関係から，相似比は 6：4 ＝ 3：2。よって，BE：DE ＝ 3：2，BE：BD ＝ 3：5 とわかります。

また，三角形 BEF と三角形 BDC の相似の関係から，BF：BC ＝ ③：⑤ とわかります。BC ＝ ⑤ ＝ 20cm なので，

① ＝ 20 ÷ 5 ＝ 4（cm）

求めたいのは③なので，③ ＝ 4 × 3 ＝ 12cm となります。

またある子は，三角形 CEF と三角形 CAB の相似の関係に着目します。

三角形 CEF と三角形 CAB の相似の関係から，CF：CB ＝ 2：5 とわかります。CB ＝ 5 ＝ 20cm なので，

1 ＝ 20 ÷ 5 ＝ 4（cm）

求めたいのは 5 － 2 ＝ 3 なので，3 ＝ 4 × 3 ＝ 12cm となります。

見方を変えて，拡大図と縮図を見つけるよい練習となります。

④ 「数量関係」分野の授業

次の図のような，同じ大きさの赤，青，黄のリングをつなぎます。赤→青→黄→赤→青→…の順にリングをつないで，黄を 10 個使ったときに，最も長くなるくさりの長さは何 cm ですか。

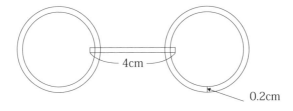

105

スモールステップを踏ませます。

『赤, 青, 黄を1つずつつなぐと, 何cmになるのかな？』

子ども達は, リングの内側 $4 - 0.2 \times 2 = 3.6$（cm）がつながっていくことに気づきます。

『では答えは, $3.6 \times 3 = 10.8$（cm）だね。』
と教師がとぼけてもよいでしょう。

子ども達は反論します。両端の0.2cm2つ分を合わせなければいけないことに気づいているのです。

よって, リングの長さは $10.8 + 0.2 \times 2 = 11.2$（cm）となります。

これを4つつなげたら, 5つだったら…慣れてきた頃に, 上の応用問題を投げかけます。

多くの子ども達は, 以下のようにするでしょう。

> 　赤, 青, 黄3つのリングで1セットと考えると, 黄を10個使うまでに10セットできる。つまり, リングは $3 \times 10 = 30$（個）使うことになる。
> 　よって, リングの長さは,
> $3.6 \times 30 + 0.2 \times 2 = 108.4$（cm）となる。

ところが, 中には答えを115.6cmとしている子もいます。ここで, 話し合いが始まります。

この問題,「最も長くなる」がミソです。最も長くするためには, 黄で終わらせるのではなく, その後に赤, 青を1つずつつなげなければいけません。

よって, 最も長いリングの長さは,
$3.6 \times 32 + 0.2 \times 2 = 115.6$（cm）となるわけです。

- 両端の長さを含まなければならない。
- 「最も長い」とはどのような意味か。

「ずれ」を作りやすく, 知的好奇心をくすぐられる問題です。

2　教育書のわくを越える

　名優高倉健さんの言葉。
「俳優にとって大切なのは，造形と人生経験と本人の生き方。生き方が出るんでしょうね。テクニックではないですよね。」
　「生き方」が芝居に出る。これは，教師でも同じことが言えると思います。**「生き方」が学級に出る。「生き方」が授業に出る。**実際に力のある先生方の学級や授業には，その先生にしか出せない空気感というのがあるものです。また，力のある先生の子どもに投げかける言葉は重たさがあります。それは，どこから来るのか。私は，その先生自身の「人間力」にあると思います。薄い人生の上には，薄い学級や授業にしかなりません。いくらよいことを語っていても，言葉が軽く，子ども達の心には響きません。
　教育書を読むことで，指導技術や発問の仕方，ネタなど，たくさんの知識を得ることができるかもしれません。でもまずは，それを「誰が」使うかです。使い手によっては，それらがすばらしく生きることになるでしょうし，またある使い手には，十分に使いきれないかもしれません。何が言いたいかというと，まずは，使い手自身の人間力を磨かなければいけないということです。

　人間力を磨く方法はたくさんありますが，読書でいうならば，教育書にこだわらないということをおすすめします。例えば「自己啓発書」。そこには，人生を豊かに生きるための知恵がたくさん詰まっています。
　私の心に残っているいくつかの言葉を紹介します。
　例えば，以下に紹介するアメリカの著述家ジェリー・ミンチントン著『うまくいっている人の考え方』（弓場隆訳，ディスカヴァー・トゥエンティワン）です。

| 毎日三十分，自分のための時間を持つ。 |

　自分を常にストイックに追い込んで，ONの状態にしておくと，頭も心も体も疲弊してしまい，結局は生産性の低いものになってしまうかもしれません。OFFがあるからこそ，ONが生きるのだと思います。

　また，ゆとりをなくし，人に対して厳しくなってしまうかもしれません。「子どもに笑顔で接する」ことの必要性は，よく言われることですが，作り笑顔では子どもは敏感にそれを感じ取ります。心から穏やかに過ごすためには，自分のための時間を持つことが不可欠だと思います。

| 無理をして人から好かれようとしない。 |

　私自身，クラスの子ども全員から好かれたいという気持ちがありました。毎朝黒板にメッセージを書いたり，できるだけたくさんほめたり，「君たちのためだよ。」とアピールして指導したり。

　でも，それらは子ども達のため？　いえいえ，結局は自分のためにしていたのだと思います。自分が子ども達から好かれようとするためにしていたのでしょう。現に，子ども達との関係があまりうまくいっていないときほど，私の方から色々と行動を起こしていたように感じます。子ども達は敏感です。教師が自分自身のためにすればするほど，子ども達の心は離れていきます。

　自分が好かれるためではなく，本当に子ども達に愛情を向けることができたとき，よい信頼関係が生まれることを，このメッセージから教えてもらいました。

| 他人を変えようとしない。 |

　教師が子どもにこうなってほしいと強制的に指導しても，子ども達は反発する，もしくは力技でできたとしても，委縮するだけです。

　授業中に子ども達が沈んでいるか，生き生きしているか。その要因は，

ほとんどの場合教師にあると思います。教師がイライラしているときは，子どものノートの文字の乱れとか，挙手の数の少なさとか，反応の悪さとか，とにかく悪いことが目につき，注意する。そして空気が濁り始めます。逆にゆとりがあるときは，よいところがたくさん目に入り，たくさんほめたり，どんどん意見を拾い上げることで発言しやすくなったりと，温かい空気になります。

子どもには，何の罪もありません。子どもを変えたければ，まずは教師が変わる。とても大切な視点だと思います。

> 感謝の言葉やほめ言葉はすぐに口にする。

何一つ当たり前のことはない。そう子ども達にもよく伝えていますが，大人自身，ついそれを忘れがちになってしまいます。今の自分がいるのは，たくさんの人達に支えられているおかげ。全ての人達に敬意をもって接することが大切だと思います。そして，人は人とのつながりの中で生きているのですから，人を大切にすることで，自分自身の人生も好転するのだと思います。

自己啓発書だけではなく，色々なジャンルの本が自分の肥やしとなるわけですが，「ビジネス書」もおすすめしたいジャンルの１つです。

例えば，リーダーとしての資質や経営学に関連した書。一見教育の世界とは関係が薄いように思われますが，担任は多くの社員を束ねる経営者です。担任業について書かれた教育書はたくさんありますが，ビジネス書にはまた別の角度からそれのヒントが書かれており，大変興味深く感じています。

１冊紹介しておきます。経営コンサルタントの小宮一慶著『社長の心得』（ディスカヴァー・トゥエンティワン）です。感銘深い言葉を４つ引かせていただきます。

> ダメなところを良いと言って「おだてて」はいけない。

　授業中に，内容が大した発言ではないのに「よく思いついたね。」とほめることがよくありました。それをご覧になられた先輩の先生から言われたことがあります。
　「あれでほめたら，あの子はそのレベルで満足してしまう。できたことをほめるのではなく，できるようになったことをほめなければ。」
　心にずしんときました。子どものためではなく，子どもを乗せようと思って自分のためにほめていたのだと思います。演技でほめると，どうしても白々しくなり，それが子ども達にも伝わります。
　ほめようかどうか迷ったときには，ほめない方がよいと思います。まず相手の心に響かないでしょう。自分が感動したとき，どうしても相手に伝えたいときにほめるのがよいと思います。その際の注意点ですが，タイミングが命であるということ。後でほめればいいや。そうして後回しにするほど，自分の熱も，受け取る相手の喜びも，冷めていくことになるでしょう。

> 常に，理念を語り続け，社内に浸透させ続けることは，社長の最も重要な仕事のひとつである。

　教室に貼ってある学級目標。貼ってあるだけで，形骸化していくことはよくある話。担任自身が常にそれを意識しているか。子どもに意識させているか。それに基づいて振り返りをさせているか。
　今年度の私の学級の合言葉は，「＋（プラス）を増やしていこう」です。常に私がそれに関連した話を考えさせたり，振り返りもよくさせたりしているので，子ども達の日常会話や日記にも，よくその言葉が出てくるようになりました。
　それの利点は，子ども達の目指す方向性が明確になるということです。色々な角度から色々な話をすると，子ども達は混乱し，何をしてよいの

かがわからなくなる。そして、荒れる。目指す方向性さえきちんと示してあげれば、子ども達はどんどんそれに向けて進んでいくようになります。

算数の授業の合言葉は、

> ・積極的な子は伸びる
> ・ていねいな子は伸びる
> ・考え方を大切にする子は伸びる

この３つです。

まず、消極的な子は伸びません。積極的の「積」は、力が積み重ねられるということ、消極的の「消」は、力が消えるということです。積極的な姿勢が、自分の力となります。例えば、授業中に挙手をする。私は、それだけですばらしいことだと伝えています。なぜなら、挙手をしている時点で、表現する準備ができているからです。指名されようがされなかろうが、正解であろうが間違いであろうが、それは問題ではありません。挙手している時点で、頭を使っているのですから。学力を高める最大のポイントは、自分から頭を使っているかどうかです。

次に、雑な子は伸びません。ノートは自分の頭の中を表しています。ていねいであれば、頭の中がきちんと整理されているし、雑な子は、その分整理されていません。算数だけでなく、何にでも言えることで、例えば漢字を覚える際に適当に練習をする子は、いざテストになったときに書けません。それは、練習時の漢字の残像が頭に残るからです。雑な子や筆圧が薄い子は、頭にぼやっとした漢字しか残っていないのです。常にていねいに書く習慣をつけなければいけません。

３つ目に、算数が苦手な子ほど、課題を解決しようとする中で、暗算ですませようとしたり、隅に小さく筆算を書いて処理しようとしたりします。思考過程を軽視するがために思考力が身につかなかったり、論理立てて考えることが苦手なので思考過程が書けなかったりするのです。

算数が得意な子ほど，思考過程を大切にしています。いくら易しい問題でも，過程を書こうとします。思考過程をていねいに書くことで，どんどん頭の中が整理され，論理的思考力が身についていくのです。

> 「カリスマ社長」を求心力とする会社より，「考え方」を求心力にする会社が強い。

私にも苦い経験があります。ある年，5年生を受け持ち，翌年私は6年生に持ち上がりませんでした。

5年生のときに算数を教えていた子ども達が，6年生になったある日，私のところにやってきました。

「先生が算数教えてよ。今の算数の授業，おもしろくないよ。」

当時の私は，そう言ってもらってうれしいと感じました。私の授業が評価されていると感じたからです。今から考えると恥ずかしい話ですが…。

彼らはおそらく，私の授業の空気感を楽しんでいたのであって，私は算数という学問の魅力を子どもたちに伝えられていなかったのだと思います。学問の魅力を伝えることができたなら，今後環境が変わっても，子ども達は自主的に学ぶことができるはずです。

学級づくりも同じことで，「学級王国」とはよく言われたものです。ある年によい子達だったはずが，急に翌年荒れる。

「前の担任の先生の方がよかった。今の先生は…。」

教師と子どもをつなぐいわゆる「縦糸」を強固にするということは悪いことではないと思いますが，それだけというのは大きな問題です。その先にある子どもと子どもをつなぐ「横糸」を強固にしなければ，また，学級目標や学級スローガンを求心力としなければ，カリスマ教師がいなくなると崩れてしまいます。

第5章 教師力を磨く

> 社長の器が会社の器を決める。
> 器を大きくするために，社長は正しい生き方を学び続け，それに基づき断を下さなければならない。

　先ほどの小学算数や教育書のわくを超える話に通じます。教科書レベルの見識しかなければ，それ以上の子どもは育ちません。常に教師は子ども達の一歩，二歩先を見ていなければいけません。

3　インプットだけでは力はつかない。アウトプットが大切

　たくさんセミナーを受けても，たくさん本を読んでも，なかなか教師力が向上してこない。そう感じている人は，インプットで満足しているのかもしれません。インプットだけでは，力はつきません。それをもとに思考する。言い換えるなら，アウトプットすることが大切です。
　あくまで一例ですが，私はアウトプットの方法として，ノートを作っています。
　例えば，セミナーを受けてメモしたものや，読んだ本の中で，心に残ったこと，明日からの仕事に生かせそうなことを，もう一度ノートにまとめ直します。
　まとめ方は，

・学級経営編
・授業編
・行事編
・仕事編
・教師語録編

などに分類しています。本当はこれを毎日読み返したいところですが，これまでにまとめた量は膨大で，読み返すのも一苦労です。そこで，例えば学期の初めに必ず押さえておきたい10項目を選び，それを用紙にまとめて毎朝子どもを迎える前に読み返すようにしています。

内容は学期ごとに変えています。そのときそのときで，自分に課す課題が変わってくるからです。

　前学期には，以下のような10個の課題を課しました。

① 愛する
　ユーモアを交えて，子ども達と笑顔で楽しく過ごす。
　その愛情が子どもに伝わり，空気が温かくなる。
② 嫌われることを恐れない
　自分を守るために，伝えたいことも伝えられないようでは話にならない。子ども達は，本気で接してくれる教師を望んでいる。
③ 同じ土俵に乗らない
　まだまだ子どもである。子どもは，たくさん失敗をするし，楽な方に流される。そのことを受け入れる。
④ 振れ幅
　砕けたときと張りつめたとき。いつもギャップを意識する。
⑤ マネージャー
　教師が子どもを変えるだけでなく，子どもが子どもを変えられるようにマネジメントする。
⑥ 行き過ぎない言動
　常に冷静な判断をする。信頼関係を崩さない。
⑦ 初めが肝心
　学期の初めや月曜日が勝負。初めが締まれば，後も締まる。
⑧ ＋で終わる指導
　希望を持たせるようにして指導を終える。
⑨ 自己と対峙させる
　自分の思いを伝えたり，自分と向き合ったり，自分の言動を振り返ったりする時間をたくさん持つ。
⑩ 必然の法則

> 　自分に起きている問題は，自分に解決する力があり，そしてその解決を通じて大切なことを学べるから起こる。
> 　自分を成長させてくれる全ての人たちに感謝。
> 　＊「必然の法則」については，野口嘉則著『鏡の法則』（総合法令出版）に拠っております。

　毎朝毎朝確認することで，だんだんそれらが体に染みつき，1日の要所要所でそれを意識できていることが実感できます。

　どれも自分にとって大切なことばかりですが，特に「①愛する」は教育にとって最も大切なことだと思います。人は，愛されていると感じるから，吸収しようとし，動こうとするからです。

　野村HDグループCEOの永井浩二氏は，人と会うとき，「この人のことが好きなんだ，俺は好きなんだ，俺は好きなんだ」と，3回念じてから望むようにしているそうです。相手に「好きだ好きだ光線」を出すことで関係は好転するといいます。

　朝，教室に入る前，授業が始まる前に，子どものことが大好きだと念じる。もともと大好きですが，その気持ちを一層強くする。そうすることで，子ども達が生き生きとしてくるものです。

4　研究授業では「何を見てもらいたいか」を考える

　研究授業で教師力は身につくのか。私は研究授業の「意図」を意識しないかぎり，なかなか身につかないと考えています。

　研究授業をする側の立場を考えます。まず研究授業をする際に考えなければいけないことは，見学者に「何を見てもらいたいか」ということです。教材なのか，仕掛けなのか，学びの型なのか，ノート作りなのか，板書なのか…。それを明確にするべきです。そうでないと，見学する側も何を見てよいのかがわからず，事後検討会もあれこれと話がとんで，一向に内容が深まらないものになってしまいます。

例えば,「思考力・判断力・表現力を高める授業」「自ら学ぼうとする子ども」「よい授業とは?」など,学校によってさまざまな研究テーマがありますが,そのテーマに沿った授業ができたかという議論は,あまりに広すぎます。そのテーマに沿うために,自分は45分間の中でいったい何を意識するのか。それが大切です。

　P39～42に書きましたように,以前「単位量あたりの大きさ」の単元で研究授業をしましたが,先生方には事前に以下のメールを送りました。ちなみに,本校の研究テーマは「発見と創造」です。

> 　本時の「仕掛け」が,「発見と創造」のある授業にするために有効であるか。さらに「発見と創造」の授業に迫るためには,どのような「仕掛け」が有効か。
> 　その視点で授業を参観いただき,検討会でご意見いただけたらと思います。

ちなみに,この研究テーマの仕掛けは,

① 「ずれ」を作る
　・人数のずれ
　　「言葉の数÷人数」で,「平均」の考え方を生み出す。
　・時間のずれ
　　「言葉の数(平均)÷時間」で,「単位量あたりの大きさ」の考え方を生み出す。
② 必要性
　「平均」「単位量あたりの大きさ」を考えざるをえない状況をつくる。
③ 布石をうつ
　「単位量あたりの大きさ」の考え方につなげるために,既習の「平均」を扱う。
④ 逆思考
　先に数や式などの結論を出させ,それの意味について全体で検討

> する。

の4つでした。

　事後検討会ではかなり鋭い意見をたくさんいただきましたが（笑），視点が明確だからこそ，活発な検討会となり，それが教師力の向上につながるのだと思います。

第6章 私の乗り越えてきた壁

これまで，数えきれないほどの失敗をしてきました。悔しくて寝られずに悩み続けたことも，何度もあります。そのときは本当に苦しい思いしかありませんが，それを乗り越えたとき，視界がぱっと明るくなります。自己の成長に気づきます。

　今の私があるのは，支えていただいたたくさんの方々の力と，そしてもう1つは数々の「失敗」のおかげです。

　これまでどのような失敗をし，それをどのようにして乗り越えてきたのか。いくつか事例を挙げていきたいと思います。

1　教師は，自分らしさ＋α

　教師にはそれぞれキャラクターがある。自分らしく教師という仕事をしていけばいい。

　以前，その生き方が恰好いいと思っていました。

　どちらかというと，私は父性が強いタイプの教師。ある年，あまり笑顔を見せることなく，ユーモアを織り交ぜることなく，淡々と学級経営や授業づくりに取り組んでいたことがありました。

　その結果…いつの頃からか，子ども達は私に全く寄ってこなくなりました。陰口を言われているような気がしました。それは仕方がないと思っていたのですが，何よりも，私の指示が通りにくくなるのを感じ始めました。教師と子ども達との信頼関係が崩れ始めていたのです。

　第4章でも述べましたが，学級はよく縦糸と横糸から成り立っていると言われます。

| 縦糸…教師と子ども達との関係 |
| 横糸…子どもと子どもとの関係 |

　多くの教師は，学級の横糸が強くなることを願っています。私もその一人です。しかし，忘れてはいけないのは，横糸をつなぐためには，縦糸をつなぐのが不可欠ということです。縦糸がしっかりとしているから，

横糸が強くなってくるのです。

　案の定，教師と子ども達との信頼関係が崩れ始めてきたのと同時に，子ども達の関係も悪くなってきました。

　私は焦りました。どうすればよいのだろう…。悩んだ結果，決定的に私に足りないものに気づきました。先ほど書いた「ユーモア」です。本来の私のキャラクターではないのですが，とにかくそれを意識するようにしました。毎日，バラエティ番組を見るようにしました。鏡を見て，笑顔の練習をしました。できるだけ心に余裕をもって，上機嫌でいられるようにしました。

　その結果，徐々にではありますが，私と子どもとの距離は近くなり，教室の空気も温かくなってきました。

　このことから感じたのは，

> 　私自身の描いている教師像と，私自身の描いている子ども像とは，同時に実現できない。

ということです。

　つまり，私自身の理想としている父性型の教師像を貫いたところで，子どもと子どもとの横糸が強くなり，温かい空気，高め合う空気が生まれることには直接つながらないということです。

　自分の描いている教師像を追い求めるべきか，それとも子ども像を追い求めるべきか。私は後者を選びました。

　もちろん，自分らしく生きることも大切です。ただし，**理想の子ども像に近づくために，それに＋αする努力も同時に大切なのではと感じています。**

2　授業中，教室の空気が落ちてきたら

　45分間という長い時間，小学生の集中を1秒も切らさないのは大変です。空気が濁ってきたな…眠たそうな子がいたな…途中で時計を見る

子が何人もいたな…手遊びする子がいたな…。授業後，肩を落とすことが多かったように思います。そのたびに，苦しかったのですが，自分を振り返ることにしました。何が原因だったのだろう…。

そんな中で，いくつもの原因が見えてきたように思います。空気が落ちてきたら…以下のことを意識してみてください。

① 言葉を削る

何度も同じ指示を繰り返す。子どもの発言したことをオウム返しする。子どもが課題に取り組む静かな時間に，教師がたくさん助言をする。それでは，あまりにも入ってくる情報が多く，子ども達は疲れてくるのです。主体性を摘んでしまうのです。

人は不安になると言葉数が増えます。そしてその情報量から子ども達は落ち着きを失い，余計に言葉が増える…まさに悪循環です。

指示は1回のみ。オウム返しはしない。シーンとした静寂の時間を作る。教師が意識的に言葉を削ることで，空気がぐっと引き締まります。

② スピードを上げる

全員のノートが開くのを待つ。間をとって，ゆっくりと話す。子どもの意見を大事にしすぎる。それらが大切なときもありますが，そればかりをしていると，空気がだれてきます。

学級経営でも同様で，スピードのあるクラスは動きがきびきびとしており，ゆっくりとしているクラスはだらだらしたり，落ち着きがなかったりすることが多いです。基本的に，人はテンポのよいことに快を感じるようです。

遅い子に合わせるのではなく，速い子に合わせることで，遅い子が速い子に追いつこうとします。逆に合わせると，速い子のスピードが落ちてきます。話し方も，ゆっくり話すところと素早く話すところのメリハ

リをつけます。子どもの意見は，テンポよく交通整理します。
　スピードを変えるだけで，授業の空気は大きく変わります。

③　抑揚をつける

　教師が話す際，いつも同じテンポ，いつも同じ声の大きさでは，何がポイントなのかがわかりません。物静かに淡々と話すスタンダードな中に，大切なことは音量をあげてゆったりと話す。そうすることで，子ども達をぐっとこちらに引き込むことができます。授業準備の際に，45分の中で山はどこなのか，強調するのはどこなのかを明確にしておくとよいでしょう。

④　認める

　毎年教育実習生の授業を参観すると，多くの実習生は「認める」ことができていません。例えば，子どもが発言したことに対して，「なるほどね。」「おもしろい意見だね。」「上手に表現したね。」「わかりやすいね。」などの反応をすることや，子どもの意見を板書して可視化することなどが，あまりできていないのです。自分の思うように授業を進めようと考えるばかり，子ども一人ひとりと向き合う余裕がないのでしょう。
　認められないと，子ども達は発言しっぱなしになり，徐々に意欲を失ってきます。挙手の数も減っていくでしょう。
　まずはきちんと授業準備をしてゆとりをもち，子ども一人ひとりと向き合うことを大切にしましょう。自分が幸せにならないと，人を幸せにすることは難しいのではないかと感じています。

⑤　ユーモア

　人は，非日常に反応するものです。本時の教材に関わって，身近な話題と少し絡めて提供してみる。教師があえて間違えてとぼけてみる。あ

る子の発言を面白く展開させる。ユーモアが加わることで，教室の温度はぐんと上がります。

　卒業して，授業の内容はあまり覚えていないけれど，先生の雑談はよく覚えているというのはよくある話です。日常の中に非日常を作り出すことは，とても大切な視点なのではないかと思っています。

⑥　＋の空気

「教科書を忘れるのは何度目だ！」
「私語が多い！もっと授業に集中しなさい！」
「〇〇君，前を向きなさい！」
　－（マイナス）言葉を使えば使うほど，空気は落ちます。イライラとした空気になります。余計に怒ることが増えていきます。
「みんなよく理解できているから，もう少し難しいことに挑戦しようか。」
「文字がていねいになったね。ミスが減るよ。」
「発言する人が増えましたね。よく頭を使っている証拠です。」
　ほめるのとは少し違います。＋言葉をたくさん使って，教室の温度を上げるのです。そうすることで，子ども達は住み心地がよく，生き生きと学ぶようになります。

⑦　空気の入れ替え

　同じ課題に対し，ひたすら 45 分考えさせるというのは，小学生にとってはかなり厳しいことです。導入であれば，案外それが可能なこともあるのですが，単元の中盤ではなかなか集中を持続させることはできません。

　ユニット学習に代表されるように，45 分間をいくつかに分けて考える視点が大切です。

例えば割合の単元であれば，
- 「百分率・歩合→倍」の換算をゲーム感覚でさせる。
- 本時の学習①
- 演習プリントをさせる。
- 本時の学習②
- 演習問題を1題提示し，丸をもらった子から休み時間に入る。

といった流れです。45分間，いかにして空気を落とさないか，子どもを乗せ続けることができるかについては，いつも意識しています。

3　矢印を子どもにではなく，自分に向ける

$\frac{3}{4} + 0.7$ の計算を提示する。子ども達は，2通りの考え方を出しました。
【考え方①)】

$\frac{3}{4} + 0.7$
$= 0.75 + 0.7$
$= 1.45$

つまり，分数を小数に変換する解き方です。
【考え方②】

$\frac{3}{4} + 0.7$
$= \frac{3}{4} + \frac{7}{10}$
$= \frac{15}{20} + \frac{14}{20}$
$= \frac{29}{20}$

つまり，小数を分数に変換する解き方です。

この後，どちらの考え方の方がよりよいのかを吟味させました。すると，全員が【考え方①】の方を支持しました。理由を聞いてみると，小数の計算の方が馴染みやすいとか，通分する方が大変であるという意見が出されました。

しかし，私のねらいは【考え方②】のよさを感じさせることでした。

例えば，$\frac{5}{7}+0.8$ という計算。$\frac{5}{7}$ を小数に変換しようとしても，わり切ることができません。この場合は，【考え方②】のように，分数に変換せざるをえないのです。

【考え方①】を支持している子ども達を目の前にして，私は焦りました。

『本当にそう思う？』『【考え方②】のよさはないのかな？』

反応のない子ども達。次第に，鈍い子ども達に対して，私自身イライラしてきました。結局，この授業は重たい空気のまま終えることになりました。

では，どうすればよかったのでしょう。分析するに，初めの $\frac{3}{4}+0.7$ の計算のときには，2つの考え方を吟味する必要はなかったのです。2つの考え方を認めた上で，次の計算問題に移ります。

$\frac{5}{7}+0.8$

『先ほどの2種類の考え方で解いてみましょう。』

これ以上のことは，あえて何も言いません。次第に子ども達から声が挙がります。

「あれ？【考え方①】はできないよ…。」「5÷7はわり切れません。」

『【考え方②】はどのような問題でもできるけれど，【考え方①】は時によってできないことがあるのですね。』

子ども達は，体験を通して学ぶことができました。教師も子ども達も満足した状態でこの授業を終えることができるでしょう。

初めの授業展開では，子ども達の反応が鈍くなりました。それは，子ども達の意欲が低いことが原因なのでしょうか。子ども達の努力が足りないのでしょうか。子ども達の学力が低いのでしょうか。いえいえ，原因は教師にあります。教師の授業展開がまずいのです。

小学生は頭も心も体もやわらかいですから，教師の力量次第で大きく左右されます。

これは，授業に限ったことではありません。

第6章　私の乗り越えてきた壁

『なぜ給食の準備をさぼるんだ！』

これは，子どものせいにしている言い方です。給食の準備をさぼってしまう原因は，子どもにはありません。教師にあります。例えば，以下のような工夫をしてみてはどうでしょう。

- 人の役に立つことで，相手を幸せにし，自分の人間力の向上にもつながることを，教師が説いたり考えさせたりする。
- 役割分担をきちんと決め，リーダーを立てて組織として準備をさせる。
- 逆に役割分担を決めずに，自らの判断力でするべきことをさせる。
- 教師が率先して準備する姿を見せる。
- 振り返りの時間を作り，自分の貢献度を3段階で自己評価させ，次回の給食準備につなげる。
- 本日の準備で最もがんばっていた子を互いに発表し合う。

あくまで一例ですが，教師のもっていき方1つで，子ども達の姿勢は全く違ったものとなります。

私が大切にしている言葉の中に，「自分が源泉」というものがあります。

「自分が源泉」
　物事の捉え方に関する理論。すべての結果は自分が創り出しているという物事の捉え方をすることで価値観の転換を図る。

人は，物事の原因をつい相手に向けがちになります。その方が楽だからです。自分を守ることができるからです。しかし，それでは一向に自分と向き合うことができず，自己を成長させることはできません。

なぜ，今日の授業はうまくいかなかったのだろう。あの子が真面目に給食の準備をするようになるには，どのような工夫をしたらよいだろう。**苦しいですが，常に矢印を自分に向けることで，たくさん頭と心を使い，自分を磨くことができます。**

もう1つ，大切にしている言葉を，野口嘉則著『鏡の法則』（総合法

令出版）から引かせていただきます。野口氏が「必然の法則」と呼ばれているものです。＊囲みの中のタイトルは筆者。

> 「必然の法則」
> 　人生で起こるどんな問題も，何か大切なことを気づかせてくれるために起こります。

　学校教育の場に即して見れば，子ども同士のトラブルも，仕事上の失敗も，保護者からのクレームも，自分を成長させてくれるから起こるという考え方です。その視点を大切にするようになってから，全ての人・物へ感謝できるようになってきました。すると，周りの人達が私を見る目も変わってきたように感じています。全ての源泉は，自分にあるということなのかもしれません。

4　授業は教師のペースに合わせない

　教師の怒鳴り声が聞こえる教室。子ども達は，そわそわして落ち着きがありません。私にも，似たような経験があります。一体何が原因なのでしょうか。

　それは，教師のペースに合わせようとしているということです。教室は，子ども達が生きる場所です。教師の型に子どもを合わせようとすると，子どもは息苦しくなるでしょう。だから，色々な形で反抗しようとしているのだと思います。

　以下は，横綱白鵬関の言葉です。

　「型を持って,型にこだわらない。勝負師というのはあらゆる手を使って勝ちに行くというのが大事ですよね。もし，１つでも足りなければ優勝を手にすることはできないと思うね。」

　白鵬関の真の強さは得意の体勢になれなかったときの変幻自在ぶりにあります。相手の出方にあわせて多彩な技を瞬時に繰り出すことができるのです。

また，野口芳宏先生は，以下のようにおっしゃっています。

「深い教材研究をして，授業案は5つも6つも作るんだ。授業になったらそれをすべて捨てよう。」

授業は，教師のためにあるものではなく，子どものためにあるものです。子どもに合わせ，いかにして子どもの力を最大限に引き出すか。教師の腕が試されます。そしてそれができるようになるためには，不断の努力が必要となります。

私が子ども達を自分のペースに合わせようと思ってこれまでに失敗したことを，具体的にお伝えします。

① 教室にはさまざまな空気が流れている

日々，教室の空気は変わります。週明けのテンションの低い空気・休み時間に仲間どうしで喧嘩した直後のイライラした空気・体育で体を動かしてテンションの上がった空気…。教室には，さまざまな空気が流れています。

以前の私は，自分のペースで授業をしていたため，45分間空気の沈みっぱなしの授業や，45分間子どもの落ち着かない授業をしてしまったことがあります。

では，教師は何をすべきなのでしょう。それは，授業の初めに空気を変えてあげることです。授業前に沈んだ空気なのであれば，ユーモアで空気を温めてあげたらいい。浮かれた空気なのであれば，少し厳しい口調で授業を始めたり，スピードを上げて授業を進めたりすればいい。教師には，空気を瞬時に察知し，調節できる力が問われます。その力を高めるためには，常に子どもの心に寄り添って，理解しようとする姿勢が大切なのだと思います。

② 1年生には1年生の発達段階がある

　6年生を卒業させ，新5年生を担当した4月。私はイライラしていました。ノートの文字が汚い。発言した際の表現力が乏しい。落ち着きがない。どうして今年の子ども達は色々なことができないんだ。卒業させた子ども達は，とても立派だったのに…。

　実は，子ども達に原因があったのではありませんでした。問題だったのは，私の先入観です。卒業させた6年生の3月。進級した5年生の4月。そこには，実に約2年間の開きがあります。この時期の2年間の差というのは，本当に大きい。それを無視して，子ども達はこれくらいできるものだ…と勝手に思い込んでいたのです。

　以前5年生だった子の日記に，このようなことが書かれていました。
「私達はまだ5年生です。子どもです。失敗もたくさんします。そんな私達のことを，先生にわかってほしい。」

　ショックでした…。自分は子ども達のことを何もわかっていない。もっと，子ども達に寄り添おう。

　当たり前のことですが，1年生には1年生の発達段階が，5年生には5年生の発達段階が，中学2年生には中学2年生の発達段階があることを，教師は常に意識し，目線をどの高さにもっていくのかを考えなくてはいけません。

③ 「動く板書」を意識する

　板書計画というものがあります。特に教育実習生は板書の計画を綿密に立て，その通りに遂行しようとします。ですから，どのような子ども達を前にしても，45分後の板書は同じということになります。

　以前の私も，貧相な板書しかできませんでした。授業参観だったある日，全教室を回っておられた陰山英男先生から，授業後に「○○先生の教室を見に行きなさい。」と言われました。そのときに目にした板書は，

今でも鮮明に思い出せます。ぱっと見ただけで，子ども達がどのような授業を作ったのかがわかりました。文字はもちろんのこと，色遣いや配置が見事で，何よりも子ども達の意見がたくさん書かれ，一人ひとりがとても大切にされていることが伝わりました。

　授業とは，誰のものか。それは，教師のものではなく，子どものものです。だったら，その場その場の子どもの意見や流れによって，板書が変わるのは当然のことです。「動く板書」を意識しましょう。

5　授業の流れにくい場面を徹底的に教材研究する

　授業準備の段階で，導入からまとめまでの見通しがクリアになっているでしょうか。ここは流れる。ここは流れにくい。どの授業にも，必ずそのような場面はあるはずです。

　例えば，6年生の「比とその利用」の導入場面について考えてみましょう。

　『オレンジ40g・りんご50gを混ぜてミックスジュースを作ると，とてもおいしくできました。量を増やしたり減らしたりして，同じ味のミックスジュースを作りたいと思うのだけど，どうすればいいかな？』

　子ども達からは，さまざまな数値が出されることでしょう。

- オレンジ4・りんご5g
- オレンジ80g・りんご100g
- オレンジ400g・りんご500g

　どこからこのような数値が出されたのかを，「逆思考」の仕掛けを使って考えさせます。

　「オレンジの量とりんごの量に同じ数をかけました。」

　「同じ数でわっているものもあるよ。」

　オレンジとりんごを4:5の割合で混ぜているということ，同じ数でかけたりわったりしても比の大きさは変わらないということを，教師が

まとめます。

その後,日常で使われている比を探させます。料理,髪の毛の7・3分け,テレビのたてと横の長さの関係など,色々な意見が出されます。

『次回からは,比についてもう少し深く学んでいきましょう。』

ここで,授業は終了です。順調に流れて,楽しそうな授業になりそうですね。さて,この授業のどこの場面が流れにくいのでしょうか?

オレンジとりんごの割合の中で,もしかするとこのような意見が出されるのかもしれません。

オレンジ 50g・りんご 60g

つまり,かけ算やわり算ではなく,どちらの量にも 10g たしたものです。同じ量をたしたのだから,同じ味になる。子ども達の気持ちはよくわかります。では,それが別の味であることを,子ども達にどう理解させたらよいのでしょう。

この場面の教材研究を怠ると,授業中に焦りが出ます。結局どう処理してよいのかがわからず,うやむやのまま,濁った状態で授業を終えることになるかもしれません。

クリアできる一例を示します。

- ・オレンジ 4g・りんご 5g
- ・オレンジ 80g・りんご 100g
- ・オレンジ 50g・りんご 60g
- ・オレンジ 400g・りんご 500g

「逆思考」で考えさせた後,発問します。

『この中で,仲間はずれのものはありますか?』

子ども達は,たし算をしているオレンジ 50g・りんご 60g に着目するでしょう。ここからが正念場です。

『オレンジ 50g とりんご 60g のミックスジュースは,同じ味と言えるでしょうか。言えないでしょうか。』

子ども達の意見が分かれ，「ずれ」が生じます。言えないと答えた子の中から，考え方が出されます。

「4 ÷ 5 = 0.8
 80 ÷ 100 = 0.8
 400 ÷ 500 = 0.8 となるのに，
 50 ÷ 60 = 0.83…となります。」

ここで，0.8 の正体を考えさせます。「割合」の学習が十分にできているのなら，オレンジの量がりんごの量の 0.8 倍の割合であることが明らかになります。つまり，次時で学習する「比の値」の考え方にまで踏み込んでいるのです。

この授業展開なら，同じ味とは言えないことを全員に理解させることが可能です。

私も教材研究の不足で，濁った空気にさせてしまうことが幾度もありました。45 分間の授業を最初から最後まで丁寧に教材研究しているようでは，いくら時間があっても足りません。そうではなく，**45 分間の中で必ず流れにくい場面があります。そこを徹底的に教材研究する。**流れやすいところは，放っておいたらよいのです。メリハリをつけることで，濃い教材研究ができるようになります。

おわりに

　塾で7年間，小学校で10年間，算数教育に携わってきました。ここ十数年で私が学んだり，感じたりしてきたことを，この1冊の本に凝縮しました。正確に言うと，十数年で積み上げた「今」の思いをまとめたことになります。
　色々な側面から書かせていただきましたが，私が最も伝えたいことは，次の2点です。

| 高度な非認知能力を育むには，確かな認知能力が不可欠である。 |

　書店には，算数の授業づくりに関する本がたくさん並んでいます。これらの本の多くは，「非認知能力」について書かれたものです。いかにして子ども達の興味をひかせるか，意欲を高めるか，主体的な学びをさせるか。
　しかしながら，その前提となる「認知能力」について書かれている本は，それほど多くはありません。この本は，非認知能力に関してだけではなく，認知能力にもこだわって書いてみました。
　『点数をとらせることも大事だけど，やはり子どもの生き生きとした学びが…。』
　よく聞かれるフレーズですが，私の耳には認知能力を軽視しているように聞こえてきます。認知能力があってこその高度な非認知能力。塾講師と小学校教師を経験してきた私が，十数年間で学んだことです。改め

て,「認知能力」の重要性を考えるきっかけにしていただけたらと思っています。

　もう1点。

| 視野を広げてこそ,教育に深みが出る。 |

　この本は,「算数」の本でありながら,算数以外のこともたくさん書きました。期待を裏切ってしまった方には申し訳ありません…。

　最後に,もう1つだけ算数と離れた話をさせてください。

　私は大のラーメン好きなのですが,住んでいる京都はラーメン店の激戦区として知られており,これまで多くの店を訪れました。

　その中で特にお気に入りの店が2店あります。1つ目のA店はネット上におけるラーメンサイトで全国1位に輝いたこともあり,山中にあるにもかかわらず,開店前から長蛇の列ができる店です。もう1つのB店。こちらも公共交通機関では行きにくい場所にありながら,コンビニのカップ麺になるほどの人気店です。

　この2つのラーメン屋。共通点があります。それは,店主が中華料理店出身だということ。ラーメン屋で修行をして,その後ラーメン店を出すというケースが多い中,お二人は中華料理の世界を熟知されています。

　ラーメンのことだけを学んでラーメン屋をするのと,中華料理のことを学んだうえでラーメン屋をするのとでは,視野が全く違ってきます。ラーメンに深みが出る理由は,それが大きいのかもしれません。

　算数の授業を深めるためには,もちろん算数・数学の学問を猛勉強するのは大前提ですが,それだけではなく,他教科から,ビジネスから,自己啓発から,お笑いから,映画から,人との会話から…さまざまなことを吸収することが必要だと思います。

これからも共に学び，2つの学力を子ども達にきちんと身につけられる深みのある授業を目指していきましょう。
　最後になりましたが，本書の出版にあたっては，黎明書房の武馬久仁裕社長，編集部の伊藤大真様に大変お世話になりました。心より，お礼申し上げます。

　　2016年2月

伊藤邦人

参考文献

- 中室牧子『「学力」の経済学』ディスカヴァー・トゥエンティワン，2015年。
- ジェリー・ミンチントン（弓場隆訳）『うまくいっている人の考え方』ディスカヴァー・トゥエンティワン，1999年。
- 小宮一慶『社長の心得』ディスカヴァー・トゥエンティワン，2014年。
- 野口嘉則『鏡の法則』総合法令出版，2006年。

著者紹介
伊藤邦人

大阪府出身。
大学を卒業後，学習塾に入社。
学習塾にて，The Teachers of the Year 大賞を受賞。
その後，立命館小学校にて教鞭をとる。
学習塾のよさと小学校のよさを融合させた新しい教育システムを構築。
「クリエイティブ」を教育の柱とし，子どもを最大限伸ばす学級づくり・授業づくりの研究を進めている。

著書：共著に，『文章題プリント』『図形プリント』（学研）など多数。
　　　単著に，
　　　『マニュアル授業から脱却する！算数のクリエイティブ授業7の仕掛け・30の演出』（明治図書出版，2013年）
　　　『ひらめき力は，小学算数で鍛えよ』（ディスカヴァー・トゥエンティワン，2015年）がある。
ブログ：http://1109210.blog.fc2.com/（自分磨きノート）

認知能力と非認知能力を育てる算数指導

2016年5月10日　初版発行

著　者	伊藤　邦人	
発行者	武馬　久仁裕	
印　刷	株式会社　太洋社	
製　本	株式会社　太洋社	

発　行　所　　株式会社　黎明書房

〒460-0002　名古屋市中区丸の内3-6-27　EBSビル　☎052-962-3045
　　　　　　FAX052-951-9065　振替・00880-1-59001
〒101-0047　東京連絡所・千代田区内神田1-4-9　松苗ビル4階
　　　　　　☎03-3268-3470

落丁本・乱丁本はお取替えします。
© K. Ito 2016, Printed in Japan　　ISBN978-4-654-01932-8

柴田録治監修　岡崎市算数・数学教育研究部編著　　　　B5・186頁　2400円
新・算数指導の疑問これですっきり It's OK!
授業展開の実際例や，ノート指導・板書のあり方，数字の書き方に至るまで，小学校算数指導の現場からの疑問207に一問一答形式で明快に答える。算数指導のバイブル，待望の全面改訂！

山本昌猷著　　　　　　　　　　　　　　　　　　　　A5・150頁　1900円
子どもの考えを引き出す山本昌猷の算数の授業の作り方
算数の授業がうまくなるための疑問にどんどん答える，算数指導の達人になれる本。なかなか聞けない算数指導の技を満載。指導内容が増加した新しい教科書に対応する「ミニサイクル方式」の授業も紹介。

中村健一編著　　　　　　　　　　　　　　　　　　　B6・96頁　1300円
めっちゃ楽しく学べる算数のネタ73
教師のための携帯ブックス⑩　子どもたちがなかなか授業に乗ってこない時，ダレてきた時，授業が5分早く終わった時に使える，子どもが喜ぶ算数のネタを，低学年・中学年・高学年・全学年に分け紹介。あきさせないネタがいっぱい。

平林一栄著　　　　　　　　　　　　　　　　　　　　B6・93頁　各1300円
おもしろすぎる算数5分間話①②
教師のための携帯ブックス⑫⑬　①「文章題に強くなる」コツや，「植木算の落とし穴」にひっかからないようにする方法など，14話。②0と1は偶数か奇数かや「素数」や「数列」，「二進法」などのおもしろすぎる話15話。

島田幸夫・中村健一編著　　　　　　　　　　　　　　B5・79頁　1800円
コピーして使える 授業を盛り上げる教科別ワークシート集(低学年)
付録:「エライ！シール」付き　小学校低学年の授業の導入や学級づくりに役立つ，著者の教育技術の全てをつぎ込んだ楽しいワークシート集。国語・算数・生活の各10項目に学活6項目を加え，計36項目収録。

中條佳記・中村健一編著　　　　　　　　　　　　　　B5・79頁　1800円
コピーして使える 授業を盛り上げる教科別ワークシート集(中学年)
付録:「エライ！シール」付き　「めざせ！兆億万長者!!」「実験器具スケルトン」「友だちビンゴ—しつ問編—」など楽しいワークシートを厳選。国語・算数・理科・社会の各8項目に学活3項目を加え，計35項目収録。

土作彰・中村健一編著　　　　　　　　　　　　　　　B5・79頁　1800円
コピーして使える 授業を盛り上げる教科別ワークシート集(高学年)
付録:「エライ！シール」付き　「おもしろ音読教材」「分数マスターになれるかな？」「歴史上の人物なりきりスピーチ」など楽しいワークシートを厳選。国語・算数・理科・社会の各8項目に学活3項目を加え，計35項目収録。

表示価格は本体価格です。別途消費税がかかります。

■ホームページでは，新刊案内など，小社刊行物の詳細な情報を提供しております。「総合目録」もダウンロードできます。　http://www.reimei-shobo.com/

中村健一編著　　　　　　　　　　　　　　　　　B5・87頁　1900円
担任必携！　学級づくり作戦ノート
　　　　学級づくりを成功させるポイントは最初の1ヵ月！　例を見て書き込むだけで，最初の1ヵ月を必ず成功させる作戦が誰でも立てられます。作戦ノートさえあれば，学級担任のつくりたいクラスにすることができます。

中村健一編著　教師サークル「ほっとタイム」協力　　　　B6・97頁　1300円
健一中村の絶対すべらない授業のネタ78
　　　　教師のための携帯ブックス⑰　「三角定規にあだ名をつけよう」「お札は磁石にくっつくか」「地図記号神経衰弱」など，つまらない授業がたちまち楽しくなる，国語，算数，理科，社会の授業のネタと，いろいろな場面で役立つグッズを紹介。

中村健一著　　　　　　　　　　　　　　　　　　B5・62頁　1650円
クラスを「つなげる」ミニゲーム集BEST55＋α
　　　　クラスをたちまち1つにし，先生の指示に従うこと，ルールを守ることを子どもたちに学ばせる，最高に楽しくておもしろい，今どきの子どもたちに大好評のゲーム55種を厳選。

中村健一著　　　　　　　　　　　　　　　　　　B5・62頁　1660円
つまらない普通の授業を面白くする！小ワザ＆ミニゲーム集BEST57＋α
　　　　おもしろみのない普通の授業を，ちょっとしたワザとゲームで盛り上げおもしろくするネタを57紹介。子どもたちが授業に乗ってこない時，飽きてきた時でも授業にすぐ集中できます。成功の秘訣やプラスαのネタも教えます。

多賀一郎著　　　　　　　　　　　　　　　　　　A5・147頁　1900円
全員を聞く子どもにする教室の作り方
　　　　人の話を聞けるクラスにすれば，学級崩壊もなくなり，学級も授業も飛躍的によくなります。聞く子どもの育て方を，具体的に順序だてて初めて紹介した，教室づくりの決定版。

多賀一郎著　　　　　　　　　　　　　　　　　　A5・132頁　1800円
今どきの1年生まるごと引き受けます
入門期からの学級づくり，授業，保護者対応，これ1冊でOK！
　　　　1年生の担任を何度も経験した著者が1年生やその保護者への関わり方を丁寧に紹介。子どもの受け止め方や授業の進め方など，1年を通して使える手引書です。

多賀一郎著　　　　　　　　　　　　　　　　　　A5・138頁　2100円
一冊の本が学級を変える
クラス全員が成長する「本の教育」の進め方
　　　　本の力を活かす最高の方法「読み聞かせ」のノウハウや，子どもを本好きにするレシピ，子どもの心を育む本の選び方などを紹介した初めての「本の教育」の本。

表示価格は本体価格です。別途消費税がかかります。

多賀一郎・堀裕嗣著　　　　　　　　　　　A5・162頁　2200円
学級づくりの深層
日本の教育現場をリードする小中の現職教師 2 人が，「学級づくり」という視点で今日の教育現場の重要課題について縦横無尽に語る。好評『国語科授業づくりの深層』に続く，第 2 弾。

堀裕嗣著　　　　　　　　　　　　　　　　A5・123頁　1900円
反語的教師論
実力派スター教師である著者が，常識に凝り固まった教師観，教育観をほぐし，教師を何事にもとらわれない自由な生き方へと導く魅惑の教師論。目指すべきは，「教師らしい自分」ではなく，「自分らしい教師」だ。

多賀一郎・石川晋著　　　　　　　　　　　A5上製・153頁　2200円
教室からの声を聞け 対談＋論考
西と北の実力派教師 2 人が，子どもの声を聞き理想の教室をつくる道筋を，子どもの本音を聞き取る方法，いじめや体罰，2 人が長年続けてきた読み聞かせなど現場での生々しい事例を交えながら，対談と論考を通して，語り合う。

土作彰著　　　　　　　　　　　　　　　　A5・125頁　2000円
授業づくりで学級づくり
子どもたちが「このクラスの仲間と一緒に学べて良かった！」と思える学級づくりを意識した授業づくりのノウハウを，国語・社会・算数・理科・体育・給食の実践を通して紹介。

蔵満逸司著　　　　　　　　　　　　B5・86頁（オールカラー）　2300円
教師のためのiPhone& iPad 超かんたん活用術
iPhoneやiPadを，授業や学級経営等に活かせる超かんたん活用術を紹介。電子機器の苦手な人も，丁寧な解説ですぐに授業に取り入れられます。授業や特別支援教育に役立つアプリの情報も。教師必読の書！

蔵満逸司著　　　　　　　　　　　　　　　B5・86頁　1900円
特別支援教育を意識した 小学校の授業づくり・板書・ノート指導
発達障害の子どもだけでなく，すべての子どもの指導をより効果的で効率的なものにするユニバーサルデザインによる学習指導のあり方を，授業づくり・板書・ノート指導に分けて紹介。

蔵満逸司著　　　　　　　　　　　　　　　B5・92頁　1800円
見やすくきれいな小学生の教科別ノート指導
国語，社会科，算数，理科（以上，各学年）や生活科，図工，音楽，道徳など全教科のノートの見やすい書き方，使い方を，実際のノート例を多数まじえながら紹介。

表示価格は本体価格です。別途消費税がかかります。

中條佳記著　　　　　　　　　　　　　　　　　B5・65頁　2300円
CD-ROM付き　授業や学級経営に活かせる
フラッシュカードの作り方・使い方
国語・算数・理科・社会・音楽・道徳や給食指導などで，子どもたちが楽しみながら基礎的な知識を習得できるフラッシュカードの作り方，使い方を紹介。

中條佳記著　　　　　　　　　　　　　　　　　A5・114頁　1750円
子どもの実感を引き出す授業の鉄板ネタ54
オーソドックススタイルの普段の授業が，がぜん分かりやすくなる強力鉄板ネタを，教育効果→準備の手順→教師が意識して使った技→子どもたちの実感をより引き出すテクニックと，誰でもすぐ実践できるよう順序だてて全教科紹介。

友田真著　　　　　　　　　　　　　　　　　　A5・134頁　1800円
子どもたちの心・行動が「揃う」学級づくり
子どもたちの心と行動が「揃う」と学級が一つにまとまります。3つの「揃う」（物などの置き方が「揃う」，学級の〇〇ができるレベルが「揃う」他）にこだわった指導と，授業での学級づくりも意識した指導を詳述。

多賀一郎・山本純人・長瀬拓也著　　　　　　　A5・124頁　1800円
言葉と俳句の力で心が育つ学級づくり
言葉を大切にする子どもの育て方
子どもの「聞く」「伝える」「想像する」力を高め，子どもたちの言葉が柔らかく豊かな学級にする子どもの育て方の手順を順序だてて紹介。

長瀬拓也著　　　　　　　　　　　　　　　　　四六・128頁　1400円
教師のための時間術
毎日仕事に追われ，学級経営や授業に悩む先生方必読！時間の有効活用法をあみだし，仕事に追われる日々から自らを解放した著者の時間術を全面公開。なぜ時間術が必要か／無理をしない授業づくりをめざす／宿題の出し方／他。

大前暁政著　　　　　　　　　　　　　　　　　四六・148頁　1500円
仕事の成果を何倍にも高める教師のノート術
ノートを使った授業細案の書き方，学級開きやイベントの計画の立て方，会議におけるノートの取り方，初任者研修ノートの書き方などを解説。今すぐ誰でもでき，仕事の成果を何倍にも高めることができる極めつきを達人教師が公開。

加藤幸次・伊藤静香著　　　　　　　　　　　　A5・129頁　2000円
そこが知りたい！小学校の英語指導50の疑問
あなたも英語が教えられる
平成32年度に全面実施予定の小学校3・4年の「英語活動」，5・6年の「英語科」の授業をする上での不安や留意点，教授法等についてQ&A方式で答える。

表示価格は本体価格です。別途消費税がかかります。